Theo Sommerlad
Die soziale Wirksamkeit der Hohenzollern

Sommerlad, Theo: Die soziale Wirksamkeit der Hohenzollern
Hamburg, SEVERUS Verlag 2011.
Nachdruck der Originalausgabe von 1899.

ISBN: 978-3-86347-051-7
Druck: SEVERUS Verlag, Hamburg 2011

Der SEVERUS Verlag ist ein Imprint der Diplomica Verlag GmbH.

Bibliografische Information der Deutschen Nationalbibliothek:
Die Deutsche Nationalbibliothek verzeichnet diese Publikation in der
Deutschen Nationalbibliografie; detaillierte bibliografische Daten sind
im Internet über http://dnb.d-nb.de abrufbar.

© **SEVERUS Verlag**
http://www.severus-verlag.de, Hamburg 2011
Printed in Germany
Alle Rechte vorbehalten.

Der SEVERUS Verlag übernimmt keine juristische Verantwortung
oder irgendeine Haftung für evtl. fehlerhafte Angaben und deren
Folgen.

Im Sommer 1896 hielt ich an der Universität Halle eine Vorlesung über die soziale Wirksamkeit der Hohenzollern, die ich zwei Jahre später vor einem grossen studentischen Zuhörerkreis ebendort wiederholen konnte. Im Winter 1896/97 war es mir vergönnt, im Kaufmännischen Verein zu Magdeburg durch mehrere Vorträge und im Winter 1898 im Kaufmännischen Verein zu Liegnitz in einem Festvortrag an Kaisers Geburtstag dasselbe Thema zu behandeln. Auch in dem Kursus über die neuesten Fortschritte auf dem Gebiete der Landwirtschaft im Februar 1896 zu Halle und in einer Versammlung des Breslauer landwirtschaftlichen Vereins im März 1897 durfte ich die hauptsächlichsten Grundgedanken meiner Hallenser Vorlesungen weiter entwickeln. Aus diesen so verschiedenartig zusammengesetzten Zuhörerkreisen sind mir nun immer wieder so viele Bitten um Veröffentlichung dieser Grundgedanken zugegangen, dass ich mich endlich dazu entschlossen habe, sie für die Oeffentlichkeit und ein weiteres Publikum zusammenzufassen. Nur ungern unterbrach ich andere Studien und die Ausarbeitung einer umfangreichen Arbeit aus der mittelalterlichen

Wirtschaftsgeschichte. Aber wenn es gilt, der Gegenwart einen Dienst zu leisten, dann darf auch der Wirtschaftshistoriker sein Scherflein nicht zurückbehalten.

Die Fachleute, die namentlich Schmollers gediegene Forschungen zur preussischen Verwaltungsgeschichte kennen, werden in meinem Buche manches Bekannte, wenn auch in anderer Beleuchtung vorfinden. Das redliche Streben, den Dingen auf den Grund zu gehen und alle Erscheinungen des modernen Kulturlebens nach Möglichkeit zu verknüpfen, wird mir niemand aberkennen können. Möge die Frucht dieses Strebens Keinem Bitterkeit, Vielen Erquickung, Allen aber Freude am Vaterland und Mut für treue Zukunftsarbeit gewähren! Was ich von dem Lebenswerk der Hohenzollern denke, das drückt Gustav Freytag aus: „Davon bin ich überzeugt wie von dem Licht dieses Tages, der Staat, den sie geschaffen, wird nicht wieder in die Trümmer zerschlagen werden, aus denen er herausgewachsen".

Halle a. S., am Reformationsfest 1898.

Theo Sommerlad.

Erstes Kapitel. Seite
Die Anfänge des Hohenzollernstaates und der Grosse Kurfürst   3

Zweites Kapitel.
Friedrich Wilhelm der Erste und Friedrich der Grosse . 22

Drittes Kapitel.
Friedrich Wilhelm der Zweite und das Ende des achtzehnten Jahrhunderts 44

Viertes Kapitel.
Die grosse Sozialreform unter Friedrich Wilhelm dem Dritten   54

Fünftes Kapitel.
Die Begründung der deutschen Zolleinheit 75

Sechstes Kapitel.
Das neunzehnte Jahrhundert und die Sozialreform des neu geeinigten Deutschland 87

Die Anfänge des Hohenzollernstaates und der Grosse Kurfürst.

Aus einer Quelle allein sind all die sozialen Grossthaten geflossen, die der Staat der Hohenzollern für sein Volk und die Völker Deutschlands vollbracht hat: aus dem unerschöpflichen Brunnquell der deutschen Reformation. Wie der Jüngling erst von dem Augenblick an Mannesthaten vollbringt und Mannesruhm gewinnt, wo er ein hohes Ziel unverrückbar im Auge behält und thatkräftig verfolgt, so haben die Hohenzollern erst seit jenem denkwürdigen ersten November des Jahres 1539, da Bischof Mathias von Jagow vor dem Kurfürsten Joachim II. in der Spandauer Nikolaikirche das erste evangelische Hochamt feierte, die Aufgaben erkannt, zu deren Lösung sie berufen waren. Das aber war fortan ihr Beruf in der deutschen Geschichte: das staatliche Erbe der deutschen Reformation rein und ungeschmälert künftigen Geschlechtern zu bewahren.

Die deutsche Reformation ist keine einseitig religiöse Bewegung unseres Volkes gewesen ebensowenig wie ein absichtlicher Bruch mit der Vergangenheit. Sie ist das notwendige Schlussglied in dem gewaltigen Prozess, den das deutsche Leben und Denken in den gärungsreichen Zeiten des Mittelalters durchmessen hat, das sonnenerhellte Siegesfest, das der deutsche Individualismus nun endlich über den ihm aufgezwungenen kirchlichen und sozialen Romanismus gefeiert hat damals, als er in erneutem Treuegelübde gegen sich selbst es unternahm, sich eine rein deutsche Zukunft zu begründen, sich ein Vaterland auf Erden wie im Himmel zu erobern.

Die ungeheure Schicksalswandlung, die unser Volk erfuhr, als es im sechzehnten Jahrhundert von den machtvollen Geisteskräften seines echtesten und deutschesten Sohnes so reich befruchtet ward, sie bedeutete auch vor allem für sein staatliches Leben einen tiefen und nachhaltigen Aufschwung. Wie der kanonische Heiligenschein, den die mittelalterliche Dogmatik um den ehelichen Stand gewoben hatte, verblassen musste vor der natürlichen und ursprünglichen Heiligkeit der Ehegemeinschaft selber, so lief die Gnadenfrist des Staates, die ihm das mittelalterliche Kirchenrecht nur verstattet hatte, nunmehr endgültig ab, seitdem der Staat ebenso als eine gottgewollte Ordnung auf Erden erschien wie die Kirche. Schon in den unmittelbarsten wirtschaftlichen Fragen, die sich ihr entgegentürmten, in der Geld= und Preisverwirrung und in der bäuerlichen Sozialnot, hatte die deutsche Reformation sich zu dem Grundsatz von der Selbständigkeit des Staates bekannt, die Gebiete von Glaube und Recht geschieden und gewarnt, die Forderungen und Grundsätze des einen auf das andere zu übertragen.

Unter dem hilfreichen Beistand der Humanisten hat die deutsche Reformation den modernen Staat, der inmitten des Bürgertums unserer mittelalterlichen Städte geboren war, aus der Taufe gehoben, ihr dankt er Grundlage und Inhalt, ihr Kompetenz, Aufgaben und Ziele. Denn das war in Worten und Schriften der Reformatoren hundertfach ausgesprochen, das tönt uns aus unzähligen ihrer Handlungen entgegen, dass der Staat, die weltliche Gottesordnung, ein hohes Werk zu vollbringen hat in dieser Welt: die Selbstverantwortlichkeit seiner nur in Gott und dem eigenen Gewissen gebundenen Bürger zu erwecken und zu fördern, ihr Familienleben zu hegen und zu stützen, die Ehre treuer ehrlicher Arbeit zu schützen und zu schirmen, den wirtschaftlich Schwachen den starken Arm zu reichen und vor allem soziale Einheit im Volke zu begründen.

Damit aber erhebt sich forthin die Liebe zum Staat und zum Vaterland wie ein leuchtender Stern über alles Thun und Treiben des Staatsbürgers; neben diesem erhabenen und erhebenden Bewusstsein ist kein Raum mehr für eine Auffassung, die sich durch das Dogma von einer

verschiedenartigen Farbe des Blutes oder einem unverrückbaren Stamm=
baum=Atavismus eine alleinige staatliche Opferwilligkeit sichern will. Der
moderne Staat, wie ihn für uns Deutschlands Reformation geschaffen hat,
soll vielmehr im Gegensatz der Interessen vermitteln und mildern, ver=
binden und heilen, die Individuen und sozialen Genossenschaften so leiten,
dass sie ihr Sinnen und Trachten der Wohlfahrt der Gesamtheit unter=
ordnen. Der moderne Staat ist der grosse Lehrmeister, der seine Bürger
zu freiwollenden Menschen erzieht, zu selbstbewussten Hütern der welt=
lichen Gottesordnung auf Erden.

Getreu diesem echt individualistischen Sozialprogramm der deutschen
Reformation haben die Fürsten aus dem Hohenzollernhause seit dem sech=
zehnten Jahrhundert ihr Volk erzogen und geleitet, indem sie selber allen
Ständen das Beispiel gaben, dass sie ihr Fürstentum auffassten als einen
Dienst an ihrem Volk und dem Staat.

Uns Heutigen, die wir an einem Gipfelpunkt ihres Waltens angelangt
sind, ist es leicht gemacht, die Folgerichtigkeit einer nahezu dreihundert=
jährigen sozialen Thätigkeit zu erkennen. Und wenn es auch nicht allzeit
bei ruhiger Betrachtung der Vergangenheit so scheinen sollte, als ruhe diese
unablässige Planmässigkeit in allen Einzelthaten dieses Herrscherhauses,
der eine Grundzug seiner Sozialpolitik klingt gleichsam wie der Grundton
durch den Accord der Jahrhunderte hindurch: es ist die Aufgabe der
Hohenzollern, zunächst im eigenen Staate die soziale Einheit zu begründen,
dann mit dem sozial geeinigten Volke auszuziehen, um die politische Ein=
heit Gesamt=Deutschlands zu erringen und nun auf diesem Unterbau die
soziale Einheit des grossen deutschen Vaterlandes in Angriff zu nehmen.

So sind sie fast alle, die Hohenzollern, zugleich Anfänger und
Vollender des grossen Sozialwerkes geworden, jenen mittelalterlichen Bau=
meistern vergleichbar, von denen immer jeder die Arbeit seines Meister=
Vorgängers fortsetzte, bis der kühn emporstrebende Bau, das Werk einer
Künstlergeneration, in vollkommener Formenschönheit einheitlich dastand.
Wenn irgendwo in der Geschichte, so gelten diesen Meistern des modernen
Staatsbaues in Deutschland die Worte, die sich Italiens tiefsinnigster

Dichter, der unsterbliche Florentiner, auf seine Weltenwanderung von seinem Lehrer zurufen liess: "Wenn Deinem Stern Du folgst, kannst Du den ruhmvollen Hafen nicht verfehlen!"

Wie so gar unscheinbar sind zumeist die Anfänge der Grösse bei Menschen und Völkern, wie unbesiegbar erscheinen dem ersten Ansturm die Widerstände, die sich gegen das Wirken des Edelsten und Besten erheben.

Als die Hohenzollern im fünfzehnten Jahrhundert den Boden ihres Lebenswerkes betraten, da standen sie einem wirtschaftlich und sozial zerrissenen, staatlich noch völlig unfertigen Volke gegenüber. Nichts aber hatte in der zähen und sandigen Mark tiefer Wurzel geschlagen als der altgermanische Widerwille gegen jegliche Steuerpflicht. Auch auf dieses Volk liess sich die Beobachtung anwenden, die ein Reisender des ausgehenden Mittelalters in Deutschland gemacht und die ihm den Ausruf entlockte: "Totschlagen lassen sich die Deutschen, aber Steuern zahlen sie nicht." Nur eine selbst sparsame und energisch zugreifende Fürstengewalt vermochte eine solche Idiosynkrasie zu überwinden. Schritt für Schritt und in heftigem Fehdegang musste die jeglicher Sozialpolitik widerspenstige Meinung, die am Staatswesen ebenso ohne eigenes Zuthun Anteil haben wollte wie am Sonnenschein und am Regen, in die Erkenntnis gewandelt werden, dass der Einzelne dem Staat, der ihn schützt, mit Kräften und Mitteln Beisteuer zu leisten habe. Unter unsäglichen Mühen hat die trotzige Kraftgestalt eines Albrecht Achill den Grundstein zu dieser Volkserkenntnis gelegt. Dieser Hohenzoller war es ja, der durch sein berühmtes Hausgesetz, die dispositio Achillea vom 22. Februar 1473, die Unteilbarkeit der Monarchie verkündete, die Primogenitur an die Stelle der alten Erbteilungen setzte und so dazu beitrug, dass in seinen Landen eine staatsrechtliche Auffassung das Privatrecht des Feudalstaates überwand — einer der frühesten Vertreter jenes oftmals herrischen und rücksichtslosen Absolutismus, der doch so viel Schutt des mittelalterlichen Partikularismus bei uns aus dem Wege geräumt hat. Mit Rat und Beistand seines haushälterischen genialen Finanzministers, Ludwig von Eyb, wusste Albrecht das mangelhafte Staatswesen notdürftig zurechtzustutzen, die verpfändeten Staatseinkünfte aus den Händen der Kapitalisten einzulösen, ein indirektes Steuerwesen zu begründen und die allereinfachsten und notdürftigsten Grundsätze der Verwaltung einzubürgern. Seine ganze Thätigkeit ist indessen mehr ein landesväterlicher Fingerzeig, wie alles werden müsste, als eine Schöpfung von dauernder Kraft. Aber Albrechts fröhliche Thatenlust und eiserne Energie hatten doch im Interesse seines Volkes den Bund mit bedachtsamer Fürsorglichkeit nicht gescheut und damit seinen Nachfolgern die Wege gewiesen, die sie wandeln sollten, um Grösseres in günstigeren Zeiten zu wirken.

Vielverheissende Anfänge moderner Staatswirtschaft und volkswirtschaftlicher Sparsamkeit, die in friedvollen Tagen hätten heranreifen können. Doch da brach ein Unwetter sondergleichen herein und drohte diese fröhliche jungbrandenburgische Saat ebenso wie die gesamte jungdeutsche Pflanzung völlig zu vernichten.

Spanische Hausmachtspolitik, päpstliche Weltherrschaftsgelüste und reaktionärer ständischer Egoismus haben über unser Volk den Jammer jener dreissig Kriegsjahre gebracht, die schliesslich den unseligen Charakter des Religionskrieges annahmen. Um acht Jahrhunderte haben die Verwüstungen von drei Jahrzehnten den Stand der Bevölkerung zurückgeschraubt, unglaublich jene Entwertung des immobilen Eigentums, die Verödung von Kunstgewerbe, Technik, Litteratur, geistigem und sittlichem Leben. Dahin war die Stellung, die Deutschland in den glanzvollen Tagen der Hansa im System der Weltwirtschaft und des Welthandels sich errungen hatte. Grossgrundbesitz und Bauernschaft litten gleichermassen unter dem technischen Niedergang des Ackerbaues, die bäuerliche Bevölkerung zumal unter der sozialen Erschütterung ihres Daseins. Alle Ansätze einer in naturgemässer Entwickelung gewordenen geldwirtschaftlichen Kultur wurden erstickt, als das Präge= und Kupferfieber aus der unseligen Gründerperiode der Kipper und Wipper mit seinem Gefolge von Geldentwertung, Preissteigerungen, wirtschaftlicher und sittlicher Versumpfung das Geschlecht des siebzehnten Jahrhunderts mit seinen Heimsuchungen entnervte. Hab und Gut, Gesundheit und Ehre, Mut und Thatkraft, Selbst=

vertrauen und Nationalstolz, Freiheitsgefühl und Glaubenszuversicht suchte man vergebens bei der Generation, die sich in lächerlicher Unnatur zu kleiden begann, dem widerlichsten Aberglauben frönte und verschlagen und dreist wie ein rohes Naturvolk in beständigem Wechsel zwischen Ueberkonsumtion und Mangel darüber grübelte, unter welche Begriffsbestimmung denn eigentlich das Monstrum von Staat gehöre, in dem man leidensvoll und selbstzerfallen dahinsiechte. Wahrlich, dem deutschen Volke musste eine unverwüstliche Kernkraft innewohnen, dass es aus diesem Schlamm sich auf ein neues Erdreich durchzuarbeiten vermochte. Wohl war das Wort des Papstlegaten auf dem Wormser Reichstag, „dass in Deutschland eine grosse Schlachtbank aufgerichtet werden sollte, auf welcher die Deutschen selbst gegen ihre Eingeweide wüten müssten", erfüllt. Allein unerfüllt blieb doch der zweite Wunsch jener liebevollen Prophezeiung, „dass die Deutschen in ihrem eigenen Blute erstickt werden würden." Nur der Mensch erstickt, dem man die Luft entzieht. Die Lebensluft aber, die man den Deutschen nicht hatte entziehen können und aus der die soziale Entwickelung der Folgezeit immer aufs neue Kraft und Gesundung gewann, das war und blieb der erfrischende Freiheitsodem der deutschen Reformation.

Unter dem höfischen Stilleben des gewissenhaften und sittenstrengen Georg Wilhelm, der aber in allzupeinlicher Rücksicht auf das Kleine Grosses nicht wagte, wurde der unfertige Staat hineingerissen in den allgemeinen Ruin der deutschen Entwickelung. Ungehemmt durch eine energische und rücksichtsfreie Individualität, ergossen sich die verderblichen Wogen über das unglückliche Land. All das, was die Erschütterungen früherer Parteikämpfe und Zukunftskämpfe begonnen, hat der Dreissigjährige Krieg hier beendigt. In den vierziger Jahren des siebzehnten Jahrhunderts lagen 12% der Ritterhufen, 37% der bäuerlichen Hufen wüste. Kein Wunder, dass schwedische Feldherren es schlechterdings für unmöglich hielten, ein Heer durch die Mark zu führen. In gleich erschrecklicher Ziffer war die städtische Bevölkerung zurückgegangen, die noch vorhandenen Bürger, matt und erschöpft, standen allenthalben vor dem Bankerott. Und auch dem Fürstentum selber waren so gut wie alle Einnahmequellen entzogen, die Domänenschulden beliefen sich auf über zwei Millionen Thaler, und zuweilen war kaum Geld vorhanden, um die einfachsten Tagesbedürfnisse des Hofes zu decken.

Als Erbe der Kur war der jugendliche Friedrich Wilhelm auch der Erbe dieses unsagbaren wirtschaftlichen und sozialen Jammers. Unter gleich schwierigen Umständen hat kein Hohenzoller sein Regiment begonnen. Aber in solchen Zeiten offenbart sich noch mehr als in friedlichen und frohen Tagen das Walten des Genius in der Geschichte. Aus den kläglichsten Bruchstücken hat der junge kraftstolze Fürst einen Staat von fester Zukunft geschmiedet wie jung Siegfried aus den Trümmern von seines Vaters Waffe das Siegsschwert, mit dem er auszog gegen Drachen und Riesen. Damals zeigte es sich zum zweitenmal in der Geschichte, dass Brandenburgs Fürsten den Staat, der einmal am Rande eines Abgrunds stand, nicht zu retten suchten, indem sie nach dem Abgrund zu ein notdürftiges Schutzwerk errichteten, sondern die gähnende Tiefe selber mit frischem Erdreich ausfüllten und ihrem Volke den starken Arm reichten, dass es kraftvoll gestützt hinüberschreiten konnte. Es galt nichts Geringeres, als einen vollständig neuen Staat zu schaffen.

In dem reich entfalteten Wirtschaftsleben Hollands hatte einst der jugendliche Fürst seine staatswirtschaftliche Schule absolviert. Dort hatte er es gesehen, wie vermittelst grosser Handelsgesellschaften der Staat seinen Anteil an dem Verkehr der Nationen behauptete, dort war ihm die hohe wirtschaftliche Bedeutung eines ausgebildeten Bankgeschäfts entgegengetreten, mit all den Ersparnissen, die durch ein entwickeltes Kreditsystem an Zeit, Arbeit und Metallgeld gewonnen werden, dort hatte er erkannt, welch grosse Leistungen ein kleiner Staat vollbringen muss, wenn er in einem geschulten Heer die Stütze für auswärtige Aktion und in der freien Anspannung aller staatsbürgerlichen Kräfte die beste und ergiebigste Nährquelle für die soziale Vervollkommnung des eigenen Volkes besitzt.

Nahezu alle Einzelzüge seines sozialen Wirkens beweisen es, wie der Grosse Kurfürst die mächtigen Jugendeindrücke fortgestaltend zum

Heile seines Volkes verwertet hat. Aber zu praktisch, um mit der Blindheit eines vollblütigen Theoretikers unhaltbare Institutionen zu schaffen, war er sich wohl bewusst, dass das, was Holland billig war, nicht ohne weiteres seinem Lande recht sein konnte. Er sah nur zu gut, dass er stets bei seinen Reformen mit einer Volkswirtschaft rechnen musste, die durch die grausame Not der Zeit zerrissen und verbildet war, dass er seine Fürstenpflicht dann allein zweckdienlich erfülle, wenn er die Forderungen des Tages verwirkliche.

So hütete er sich wohl vor den Zwangsanleihen, zu denen die heillose und ausgabenfrohe Vielregiererei des Polizeistaates immer wieder ihre Zuflucht nahm, ohne doch damit eine Stetigkeit und Regelmässigkeit des Staatsschuldenwesens festzulegen. Aber ebensowenig erlag er der Versuchung, ein öffentliches Kreditsystem, wie es seine wirtschaftlichen Lehrmeister bei sich ausgebildet hatten, in seinem Lande ins Leben zu rufen, wenn er auch damit darauf verzichten musste, das vorhandene Kapital der Hand derjenigen anzuvertrauen, die den besten Gebrauch davon machen konnten. Um gleichwohl für ausserordentliche Fälle gedeckt zu sein, hat der Kurfürst sich seinen Staatsschatz gebildet, das allzeit kräftigste Bollwerk gegen die Auswucherung durch ausländisches Kapital, dann die Wiederherstellung der grossen Kammergüter in Angriff genommen und in diesem Kampf mit dem Adel um das Kammergut also den Grund gelegt für zukünftige Glanzleistungen der brandenburgisch=preussischen Staatswirtschaft.

Darüber gab sich der grosse Sozialpolitiker keinem Zweifel hin, dass er nicht nur von oben, sondern vornehmlich von unten her sein Reformwerk beginnen musste. Da fand er zunächst unter den älteren sozialen Schichten seines Volkes genug zu reformieren, bei dem Grundbesitz und bei der bürgerlichen Gesellschaft.

Die Schulden der Stände zu mildern und die wüste liegenden Hofstellen wieder aufzubauen, das war das nächste unvermeidliche Ziel dieser Sozialpolitik. Wie der Kurfürst durch alle erdenklichen Mittel, durch Erlass von Zins und Ueberweisung von Material aller Art seine Unterthanen anhielt, unbebautes Oedland wieder in fruchtbare Aecker zu wandeln, so unterwarf er das gesamte ständische Schuldenwesen einer Kontrolle des Staates, der selber unablässig bestrebt war, die eigenen Domänenschulden zu vermindern.

Die grossartigste Wendung nahm aber die Finanzreform mit der Einführung der Accise, einer indirekten Steuer auf Lebensmittel und Kaufmannswaren. Durch unerschwingliche Abgaben den Bedürfnissen des Staatsschatzes Genüge zu thun, wie das etwa in unserem Jahrhundert im zerrütteten Spanien die Restaurationspolitik Ferdinands VII. unternahm, war nicht nach dem Herzen des Fürsten, der modern dachte und handelte. Genug Kämpfe hat es freilich gekostet, ehe die fakultative und dann die obligatorische Einführung der Accise gelang. Ein allgemeiner Steuerstreik hatte selbstverständlich auch die unerbittliche Härte und Rücksichtslosigkeit eines solchen im Gefolge; immerhin ist es bezeichnend genug, dass gerade die altgermanischem Empfinden so überaus genehme Form der indirekten Steuer es war, unter deren Einwirkung die oben gekennzeichnete Opposition des Volkes gegen Staatssteuern überhaupt überwunden worden ist. Mit scheelen und neidischen Blicken sahen die problematischen Finanztheoretiker jener Tage auf den Staat hin, der in gedankenvoller Kühnheit den Grund legte zu einem modernen Finanzwesen, das aus der Besteuerung die Schablone entfernte und die tiefliegenden Zusammenhänge der Steuerpolitik mit der Gesamtlage des staatlichen Wirtschaftslebens zu würdigen wusste. Es war ein erster versuchender Vorstoss, um die Steuerfähigkeit als den allein richtigen Massstab für die Steuerverteilung einzuführen und auf die Schultern der Steuerkräftigsten die stärkste Belastung zu legen: der Schluss von dem Güterverbrauch auf die Leistungsfähigkeit war es, der in der Accise zur Geltung gelangte.

Wer aufmerksamen Blickes diese Finanzreform prüft, wird leicht erkennen, dass sich darin die Anschauungen des Merkantilismus niedergeschlagen haben — Anschauungen, denen zu allen Zeiten, wo eine wirtschaftliche Notlage vorlag, starke Regierungen sich zuwandten. Mögen die Einzelforderungen dieser staatswirtschaftlichen Betrachtungsweise, die nach der wirtschaftlichen Erschütterung des Dreissigjährigen Krieges in Europa wieder einmal an Kraft und Ausbreitung gewann, noch so weit scheinbar auseinandergehen: das Grundprinzip des Merkantilismus des siebzehnten und achtzehnten Jahrhunderts ist doch nur das: durch eine staatliche Beeinflussung der Konsumtion eine Steigerung der Produktion zu erzielen.

Wie der Kurfürst im Sinne dieser staatswirtschaftlichen Denkart Finanzreform trieb, so hat er auch als ihr getreuer Anhänger Gewerbtreibende aus industriell fortgeschritteneren Ländern ins Land gerufen und durch diese Mehrung der heimischen Bevölkerung zugleich der heimischen Arbeit neue Mittel zu sichern versucht. Als durch die Aufhebung des Ediktes von Nantes gegen 700 000 Hugenotten aus Frankreich vertrieben wurden, haben die Flüchtlinge ihr Kapital und ihre gewerblichen Kenntnisse, ihre Seide=, Papier= und Glasfabrikation, grösstenteils nach England verpflanzt. Da macht sich der grosse Merkantilist in Brandenburg auf und eröffnet gegen 20 000 Hugenotten, denen sich später zahlreiche gewerbfleissige Schweizer und Pfälzer anschlossen, durch das Potsdamer Edikt vom 8. November des Jahres 1685 eine neue Heimat in seinen Landen. Fast scheint es, als ob der Weitsichtige den ersten kühnen Anlauf nehmen wollte, um gegen das spätere Uebergewicht Englands im europäischen Wirtschaftsleben seine Vorkehrungen zu treffen. Hatte doch dem Geschlecht jener Tage Oliver Cromwells Seefahrtsgesetz, die berüchtigte Navigationsakte des Jahres 1651 zur Genüge gezeigt, was für Europa zu erwarten stand, wenn dieses egoistische Kaufmannsvolk das Wirtschaftsmonopol unter den Völkern sich erringen würde. Die Aufnahme der Hugenotten in Brandenburg trug jedenfalls zunächst mit dazu bei, das französische Wirtschaftsmonopol zu brechen, gegen das im Osterreich des siebzehnten Jahrhunderts der Schriftsteller Hornegk und in England zahlreiche Parlamentsbeschlüsse ankämpften, und beugte zugleich auch einem rapiden Wachstum der englischen Suprematie vor. Für Brandenburg selbst aber geschah also eine höchst heilsame Befruchtung mit französischem Kapital und französischer Geschäftskenntnis, eine segensreiche Förderung vaterländischer Industrie und vaterländischen Gewerbfleisses. Dass daneben eine derartige Politik sich eingliederte in das starke Gefüge der Toleranzpolitik des Kurfürsten, soll hier nicht verschwiegen werden. Toleranz in wirtschaftlicher wie in religiöser Beziehung, das war ja allezeit das politische Glaubensbekenntnis dieses Fürsten, der selber eine so ausgesprochene und fest gegründete Individualität war und der seine Toleranzpolitik auch gegen jede Intoleranz auf wirtschaftlichem und auf religiösem Gebiet siegreich durchzufechten verstand.

Modern war die Finanz= und Steuerpolitik, modern auch diese Industriepolitik des Kurfürsten, die noch nach mancher anderen Seite wertvolle Ergänzung erfuhr. Friedrich Wilhelm sagte sich, dass nur dann eine dauernde Gesundung des gewerb= und handeltreibenden Bürgertums seiner Staaten möglich sei, wenn das Verkehrswesen gestärkt und gestützt werde. So wurden denn im Gegensatz zu den Ländern, wo die Gerechtsame der Familie Thurn und Taxis in Geltung waren, eigene Posteinrichtungen ins Leben gerufen, so richtete die Regierung ihren Blick auf die Wasserstrassen und ihre Verbesserung. Dass der Kurfürst durch den Friedrich=Wilhelms=Kanal die beiden gewaltigen Flusssysteme der Elbe und der Oder verbunden hat, dürfte allgemein bekannt sein, weniger bekannt vielleicht, dass er auch seine landesväterliche Fürsorge dem arg vernachlässigten Saalegebiet schenkte und an Stelle der alten hölzernen Schiffahrtsschleusen neue steinerne aufzubauen gebot. Welch ein Gegensatz zu dem greisenhaften Verhalten des deutschen Staatenbundes, der in mittelalterlichen Zeiten seine eifrige Sorge dem Kanalisationswesen gewidmet hatte, der Hansa. Diese sah ruhig zu, wie seit dem siebzehnten Jahrhundert die alten Kanäle verschlammten und versandeten, und bemühte sich nicht, an Stelle der längst überholten Stauschleusen die neuen Schiffsschleusen mit zwei Fangthüren zur Einführung zu bringen. Welche Zukunft musste einer Politik beschieden sein, die in der Förderung der hohen volkswirtschaftlichen Bedeutung der Wasserstrassen und der Binnenschiffahrt mit den stärksten Ansporn erblickte zu einer Erweiterung bürgerlicher wirtschaftlicher Betriebsamkeit und eines unleugbaren Wohlstandes aller Schichten der Bevölkerung. Ist es doch nicht der letzte und geringste Vorteil eines ausgedehnten und vernünftig entwickelten Kanalisationswesens, dass mittels der Erschliessung ferner aber wichtiger Absatzgebiete die allgemeine Lebenshaltung verbessert und verbilligt und die soziale Eintracht besser begründet wird als durch Staatsprämien und Staatszuschüsse für einen Einzelstand, und sei er augenblicklich in noch so grosser Notlage.

So schuf und wirkte der grosse Staatswirt in Brandenburg, um Landwirtschaft und Gewerbe über die Fährnisse des Augenblicks hinüberzuretten, ihnen eine grosse Zukunft zu sichern und sie für diese Zukunft tüchtig auszurüsten. Doch nur dann war es möglich, solche künftigen Glanzzeiten heraufzuführen, wenn es gelang, neue soziale Kräfte zu entfesseln, denen unmittelbar das Hüteramt der Zukunft anvertraut werden konnte; diese neuen Sozialmächte waren das stehende Heer und das Beamtentum.

Welche Zerrissenheit und Unzulänglichkeit haftete noch im siebzehnten Jahrhundert dem Heereswesen des heiligen Reiches an. Es mag nicht davon geredet werden, dass die jährlichen Unterhaltungskosten eines deutschen Fussregimentes von 3000 Mann damals etwa 540000 gute Reichsgulden betrugen (das sind etwa 2160000 Mark unseres heutigen Reichsgeldes) und dass sich der Militäretat jener Zeit fast doppelt so hoch stellt wie der von heutzutage. Traurig genug, dass es bei diesen bedeutenden Unterhaltungskosten nicht gelang, im Reiche die Wünsche nach der Einführung eines stehenden Heeres zu verwirklichen und dass hier, auch wenn ein Heer „der Not gehorchend" sich zusammenfand, dann das äusserst mangelhafte, jeder Einheitlichkeit bare Kontingentalsystem seine ganze schleppende Schwerfälligkeit entfaltete.

Nun begründete der Neffe Gustav Adolfs, des gewaltigen Meisters, der die Kriegskunst durch Bewaffnung und Aufstellung des Heeres schöpferisch umgestaltet hat, in seinen Landen einen neuen sozialen Stand, das stehende Heer. Kluge Benutzung aller zeitgemässen Reformen und technischen Fortschritte war es, denen dieses Heer seine Einheitlichkeit in Schulung und Bewaffnung verdankte. Wer wissen will, was diese soziale Neuschöpfung für Brandenburg bedeutete, der mag es an einem Ausspruch abnehmen, den Gustav Freytag einmal gethan hat: „Wer jetzt gegen stehende Heere kämpft, der möge wohl daran denken, dass unsere Vorfahren, welche nicht im stande waren, ein stehendes Heer zu unterhalten, eben darum in fast unaufhörlichem Kriegszustande und einer höchst jammervollen Unsicherheit der Person und des Eigentums lebten, und wenn sie ein Heer warben, so viel Kosten und so grossen Verlust durch Raub und Selbsthilfe der Söldner erfuhren, dass der nationale Schaden ganz unberechenbar grösser war als die Assekuranzprämie, welche die Gegenwart jährlich für Friede und Ordnung an ihre Armee bezahlt."

In der frischen und stählenden Atmosphäre des holländischen Feldlagers hatte der Kurfürst sich in seinen Jugendtagen den moralischen Lebenshalt erkämpft, in dem scharfen Luftzug des Polen- und Schwedenkrieges gewann sich sein neugeschaffenes stehendes Heer Daseinsberechtigung und dem Staate einen politischen und sittlichen Halt in kommenden Zeiten: den souveränen Besitz des alten Herzogslandes an dem baltischen Meere und das Recht eines Waffenhortes für die Sache des Protestantismus und des Deutschtums. Währenddessen suchte der traditionelle Hüter des Reichswohlseins, Kaiser Ferdinand III., auf die ihm so widerwärtige Kunde von der dreitägigen Warschauer Schlacht Stärkung in einem guten Trunk: denn auf einen trüben Markt gehöre ein vergnügter Krämer.

Neben seinen Miles Perpetuus stellte der Grosse Kurfürst eine zweite neue Sozialmacht, und beide gehören fortan in der Geschichte Brandenburgs und Preussens untrennbar zusammen: das stehende Heer und das Beamtentum.

Unter der Ausbildung einer zentralisierten kollegialen Verfassung, der Begründung fester Staatsämter und dem weitreichenden persönlichen Einfluss des Kurfürsten auf die Verwaltung erwuchs allmählich jener Beamtenstand, der zweierlei hatte, was vordem dem Beamtentum in Deutschland fehlte: sittliche Unbescholtenheit und ein lebhaftes Nationalgefühl. Fürs erste hatten die Bestrebungen Friedrich Wilhelms, seine Beamten auf feste Geldeinnahmen zu stellen, den allgemeinen wirtschaftlichen Erfolg, dass immer weiter die Geldwirtschaft Fortschritte im Staate machte und dass die privatrechtliche Verquickung von Staats- und Hofwirtschaft einer staatsrechtlichen Verwaltung weichen musste. Welch segensreiche Zukunft aber eröffnete sich dem ungeheuren Gebiete der Staatssittlichkeit, die ganz andere Stützpunkte gewann, als das inmitten der Staatshörigkeit und des fiskalischen Ausbeutungssystems des Feudalismus überhaupt möglich war. Etwas von dem ehrsamen einwandfreien Geiste des antiken Staatsbürgertums lebte allmählich unter diesem preussischen Beamtenstande auf, immer inniger wurde die Verkettung der Beamten mit dem Bürgertum, immer ausgedehnter die soziale Einheit unter dem Volk, das in der opferwilligen Selbstlosigkeit der Staatsbeamten täglich die erneute Mahnung finden konnte, nicht in individuellem Genuss, sondern in der Unterordnung aller Lebensäusserungen unter das Wohl der Gesamtheit Lebensziel und Lebensinhalt zu erkennen.

Der Kreis wirtschafts- und sozialpolitischer Reformen war aber nicht abgeschlossen und vollendet, ohne Verwirklichung einer letzten Lehre, die dem Kurfürsten in der Schule der Holländer zu teil geworden war. Es war die Lehre, dass ein zukunftsfreudiger Staat auch Eingliederung in das System der Weltwirtschaft suchen müsse, die sich mit dem Grundsatz der merkantilistischen Staatspraxis, das Absatzgebiet der heimischen Industrie zu erweitern, vollständig deckte. Hollands Beispiel zeigte, dass allemal in Zeiten, wo noch die Sicherheit des Handels gering ist, und in Gegenden, die noch auf primitiver Kulturstufe stehen, die Bildung von Handelsgesellschaften sich als notwendiges Verkehrsbedürfnis erweist. Im Jahre 1602 war zu diesem Zwecke die holländisch-ostindische Kompagnie, im Jahre 1621 die niederländisch-westindische Kompagnie begründet worden — zwei Gesellschaften, die getreulich das erfüllten, was sie in den Eröffnungsgebeten ihrer Sitzungen erflehten: eine Arbeit zum Nutzen der Kompagnie, zum Gewinn ihrer Teilhaber und zum Wohle des Staates. Freilich, die Geschichte gerade der Westindischen Kompagnie bewies es, manche Fehler mussten bei solchen Unternehmungen vermieden werden, wenn der Erfolg nicht unterbunden werden sollte. Der furchtbare Kurssturz bis auf $3^1/_8\%$, der über die Aktien der Westindischen Kompagnie im siebzehnten Jahrhundert erging, redete deutlich genug. Gerade hier rächte sich ein allzu frühzeitig entwickeltes Bankwesen, und in Brandenburg lag bei der weisen Zurückhaltung des Kurfürsten in der Finanzpolitik nicht die Gefahr vor, dass eine übereifrige Aktienspekulation ähnliche junge Pflanzungen in ihrem Fortgang und Wachstum hemmen könnte. Die verschiedenartige Weise, wie Holland und Brandenburg während des siebzehnten Jahrhunderts im System der Weltwirtschaft Stellung nahmen, hat zur Genüge bewiesen, wie ungeheuer notwendig ein festes monarchisch geleitetes Staatswesen für den nachhaltigen Aufschwung des Verkehrswesens ist und welch eine bedeutende Kulturmission dem Staate innerhalb des Verkehrslebens der Neuzeit zufällt.

Schon in den sechziger Jahren des siebzehnten Jahrhunderts soll der Grosse Kurfürst geplant haben, eine ostindische Kompagnie unter Mitwirkung der Hansestädte und Dänemarks und unter dem Ehrenvorsitz des Kaisers ins Leben zu rufen. Dieses internationale Projekt zerschlug sich, und der nächste Anlass, eine nationale Kolonialpolitik in Angriff zu nehmen, trat erst ein, als die Erfolge, die Brandenburgs Flotte während des Schwedenkrieges errungen hatte, förmlich dazu aufriefen, die siegreiche Flagge auch ausserhalb der Wasser der Ostsee zu entfalten. Treffliche und thatkräftige Männer liehen dem Grossen Kurfürsten bei der Durchführung seiner maritimen und kolonialen Pläne ihre Unterstützung. Der unternehmungslustige, frisch zugreifende holländische Schiffsreeder Raule, später sein Generaldirektor der Marine, der weitgereiste schneidige Major Otto Friedrich von der Groeben, der kühne und tapfere Thomas Aldersen, sie alle haben teil an dem grossen Werk der Begründung brandenburgisch=preussischer Kolonien an der Westküste von Afrika. In herrlichen Worten, die in der Lage seiner Staaten an der See den Ansporn der Kolonialpolitik erkennen, hat der Kurfürst die „Afrikanische Kompagnie" begrüsst, die nach dem Vorbild der holländischen Handelsgesellschaften im Jahre 1682 ins Leben trat. „Demnach Wir erwogen, wie dass der höchste Gott einige Unserer Landen mit wohlgelegenen Seehäfen beneficiret, und dannenhero Vorhabens sein, unter anderen Mitteln, so wie zur Verbesserung der Schiff=Fahrt und des Commercii, als worin die beste Aufnahm eines Landes bestehet, einzuführen bedacht, vermittelst Göttlicher Hülfe und Segens, eine nach der in Africa belegenen so genandten Guineischen Küste handelnde Kompagnie aufzurichten und zu stubiliciren, welche unter Unserer Flagge Autorität und Schutz den Handel an freye Orte daselbst treiben sollen und mögen."

Vier Jahre später übernahm der Kurfürst das gesamte Eigentum der Gesellschaft, und stolz flatterte Brandenburgs Banner, das am 1. Januar des Jahres 1683 unter Militärmusik und Kanonendonner gehisst worden war, an der Westküste Afrikas auf der Feste Gross-Friedrichsburg. Mit Staunen gewahrte die Welt, wie die jungdeutsche Macht, die sich auf dem Festlande einen Namen gemacht hatte, ihre Schiffe hinaus sandte auf das Weltmeer, das bislang nur die Flaggen der seefahrenden Westmächte und der deutschen Hansa gesehen hatte. Immer weiter spannte der unermüdliche Staatswirt seine Pläne: die Gründung einer ostindischen Kompagnie wurde vorbereitet, und bis nach Amerika, China und Japan verzweigten sich die Fäden dieser entschlossenen weitsichtigen Politik. Fast schien es, als sollte eine Entwickelung vorweggenommen werden, die erst in unserem neunzehnten Jahrhundert sich vollzog, erst seitdem der Stille Ozean Verkehrsstrasse wurde, seit Englands Weltwirtschaftsmonopol sich festigte und seitdem Russland seine Grenzen in Asien vorschob: die wirtschaftliche Erschliessung Ostasiens, die wirtschaftliche Verbindung zwischen Asien und Amerika und die Beteiligung unseres Vaterlandes an dem unerschöpflichen schätze- und arbeitreichen Handelsgebiet im Osten.

Leider sind diese fröhlichen kolonialen Wurzelansätze in ihrer Entfaltung und ihrem Wachstum aufgehalten worden durch den kleinlichen Handelsneid der Engländer, Dänen und Franzosen und vor allem des Volkes, bei dem der Kurfürst einst in die staatswirtschaftliche Schule gegangen war. Darin beruht die Tragik dieses vertrauensfreudigen Lebens, dass der greise Held nun an seinem Abend mit schmerzreicher Entrüstung die Gegnerschaft seiner eigenen Lehrmeister erfahren musste, auf die er mit Stolz stets vertraut und denen er sich stets hilfreich und dankbar erwiesen hatte. Die leidvolle Erfahrung, die jeder bedeutende Mensch machen muss, dass seine Lehrer nichts mehr von ihm wissen wollen, wenn er ihnen über den Kopf wächst, war es, mit der am 29. April 1688 der Grosse Kurfürst ins Grab sank. Und mit dem genialen Begründer der deutschen Kolonialpolitik, der betont hatte, dass die Stütze überseeischer Kolonien immerdar in einer leistungsfähigen Flotte gesucht werden müsse, ging auch der koloniale Wagemut und die koloniale Thatkraft dahin, nur noch eine spärliche und zugleich beschämende Erinnerung bewahrte Berlin mit seiner „Mohrenstrasse" an die Kolonialperiode in Brandenburg unter dem Grossen Kurfürsten. Verwundert gewahrten die Offiziere von S. M. S. Sophie, die im Jahre 1884 an der brandungumtosten Landzunge hinter dem Vorgebirge Tres Puntas landeten, die verfallenen Reste des dunklen scharfkantigen Gemäuers, das unter den dichten runden Kronen mächtiger Mangobäume emporstieg: das waren die Ruinen von Gross=Friedrichsburg, wo einst Brandenburgs Flagge wehte und deutsche Worte erklangen. Die Engherzigkeit und Willensschwäche der deutschen Kleinstaaterei hat es zuwege gebracht, dass zwei Jahrhunderte vergingen, ehe wieder deutsche Intelligenz, deutsche Kapital= und Arbeitskraft den alten Weg gesucht hat, auf den zuerst ein Hohenzoller die Nation gewiesen hatte.

Das musste ja dem Fürsten, der in drangvoller Zeit unserem Volke die Mahnung zurief: „Gedenke, dass Du ein Deutscher bist" klar werden, dass für alle weitgreifenden wirtschaftlichen Pläne die Umgestaltung der absterbenden Reichsverfassung einzige und letzte Voraussetzung sei. So ist es denn kein Zufall, dass der innerhalb der zerfahrenen Reichswirtschaft zu sozialer Einigung sich durchringende Staat des Grossen Kurfürsten den freilich zunächst aussichtslosen Versuch unternahm, den Neubau des deutschen Staatslebens in Angriff zu nehmen. Hier kommt das Wort zur Anwendung, das Schillers Wallenstein zu den Pappenheimern gesprochen hat:

„lasst uns
Europens Schicksal in den Händen tragen
Und der erfreuten Welt aus unserm Lager
Den Frieden schön bekränzt entgegenführen."

Zum erstenmale erschien Deutschlands politische Einheit als das Ziel, auf das Brandenburg=Preussens eigene soziale und wirtschaftliche Festigung mit Naturnotwendigkeit hinzeigte.

Wir heute müssen staunen, wenn wir erkennen, mit wie beschränkten Mitteln und unter welchen Kämpfen, Gegensätzen und Gefahren der Fürst, dem Leibniz mit Fug den Beinamen „oeconomus" gegeben hat, seine Fürstenpflicht an seinem Volke vollbrachte. Die Anfänge eines modernen Finanzwesens, des modernen Kanal- und Postwesens, einer modernen Kolonialpolitik gehen auf ihn zurück. Er schuf seinem Volke ein neues soziales Bindemittel in der Toleranz, er schenkte ihm zwei neue Stände als die Hüter der Zukunft und er knüpfte die Zukunft Gesamtdeutschlands unauflöslich an den Sieg der preussischen Sache.

Der Feudalismus, das war klar, hatte im Staate der Hohenzollern gründlich abgewirtschaftet, und mit ihm entwirrte sich der ganze Knäuel von Adelsrechten und Standesfreiheiten, Wahl- und Zahlberechtigungen, Privilegien und Immunitäten. Es ging zu Ende mit dem Provinzialismus und Partikularismus des alten Regime, mit der ganzen erblich-dinglichen Auffassung einer gegen Uebergriffe aller Art nicht genügend geschützten Gesellschaft. Immer mehr trat das Recht an die Stelle der Gerechtsame, die Freiheit an die Stelle der Freiheiten, eine festgefügte, von dem Staatsgedanken erfüllte Zentralgewalt schlug alle Ecken, Erker und Kanten an dem Staatsturme ab und stellte diesen in seiner ursprünglichen Formvollendung wieder her als ein zum Himmel ragendes Wahrzeichen von Recht und Gerechtigkeit.

So erwies sich der junge Staat der Hohenzollern als Erbe der deutschen Politik Gustav Adolfs und als Erbe der Wirtschaftspolitik der Holländer, zugleich aber als Erbe der Reformation, der deutschen Hansa und der mittelalterlichen Kirche. Der völkerrechtliche Städtebund des Mittelalters war es, der einst gegen die Unvollkommenheit des Verkehrswesens angekämpft, mit seiner Flotte den Verkehr zwischen dem Westen und Nordosten Europas beherrscht und dem deutschen Namen in fernem Land vermöge dieser seiner Wirtschaftsmacht Ehre und Ansehen errungen hatte. Und die mittelalterliche Kirche anderseits hatte einst den grossen Sozialaufgaben der Zeit ihre Kraft gewidmet, als der Staat noch unfertig war und im Schosse des Feudalismus schlummerte. Auf gutem Grunde beruht deshalb eine Wahrnehmung Heinrich von Treitschkes: Als im Westfälischen Frieden der Hohenzollernstaat, der mündigste und reformationsgetreueste aller deutschen Staaten, die gewaltigen Güter der Kirche, Magdeburg, Halberstadt, Minden und Kammin, erhielt, da übernahm er zugleich die Aufgabe, das Wirtschaftswerk der mittelalterlichen Kirche in zeitgemässer Form fortzusetzen und zu vollenden.

Für den Sozialpolitiker der Gegenwart enthält aber die Sozialpolitik des Grossen Kurfürsten die eindringliche Mahnung, allezeit über partikularistische Engherzigkeit und berechnende Kleinlichkeit zu stellen das Wohl der Gesamtheit. Höher als der theoretische Doktrinarismus mit all seinen Ziffernbergen der Statistik steht im Sozialleben der Völker die That, höher als aller Materialismus in der Politik der haushälterische selbstlose Sinn und der Glaube an den endlichen Sieg der eigenen guten Sache, höher als mattherziger und kühler Skepticismus die unwiderstehliche Grossmacht der versöhnenden Gerechtigkeit. Wer sozial wirken will, muss handeln und lieben!

Friedrich Wilhelm der Erste und Friedrich der Grosse.

Wenn zur Frühlingszeit der Schnee im Hochlande unter dem schmelzenden Hauch der Sonne dahingeht, dann schwellen die Wasser der Ströme und fluten unaufhaltsam über Aecker und Wiesen, manches Werk menschlichen Fleisses wird von den empörten Wogen mit weggerissen, aber in erneuter ergiebiger Ertragsfähigkeit des Bodens sühnt sich das Unheil des Augenblicks zu dauerndem Lohn. Auch im Leben der Völker bringt der Lenzwind meist Ueberschwemmung und Verwirrung mit sich, und erst die Enkel ernten, was ihre Väter unter Sturm und Brausen gesät haben.

Die Regierung des grossen Staatswirtes der Hohenzollern wehte wie ein Frühlingssturm über das siebzehnte Jahrhundert dahin, und der Anfang des achtzehnten Jahrhunderts bedeutete nicht viel Segen für Brandenburg-Preussen. Geweckt durch Friedrich Wilhelms kühn anstürmende Sozialreform, senkte sich die königliche Würde über seinen Staat, aber erst kommende Herrscher haben ihre ganze Segenskraft empfunden und verwertet. Vorerst riss sie Preussen in einen gefährlichen Zustand neuer Zerrüttung und Verwirrung hinein. Der glanzvolle Hofhalt, der Pomp und die Pracht des fürstlichen Absolutismus, die übereifrige Verbrämung der Gesellschaft mit Kunst und Wissenschaft, die überschnelle Anwendung der so schwer erlernbaren Kunst des Repräsentierens: Alles das drängte den ersten König dazu, die Tradition seines grossen Vaters zu verbannen. Die leitenden Staatsmänner dachten allzusehr an die Gegenwart, indem sie zu jener Vererbpachtung der Domänen griffen, die das genaue Gegenteil von dem erreichen musste, was der Grosse Kurfürst im Dienst der wirtschaftlichen Zukunft seines Staates erstrebt hatte. Genug, das Ergebnis der zwölf ersten Königsjahre war wohl die Begründung der Maler- und Bildhauerakademie und der Akademie der Wissenschaften, die Anlage von Kaffeehäusern und die Einführung der Schauspiele, aber auch die Auflösung des eben erst mühsam gefestigten Finanzwesens. Wenn Preussen nicht noch mehr hineingezogen wurde in die Verschwendung und sittliche Fäulnis, in die Heiducken- und Lakaienwirtschaft, die an den meisten deutschen Fürstenhöfen jener Zeiten herrschte, so ist das eben lediglich das Verdienst des Grossen Kurfürsten, der ein frivoles und galantes Roulettespiel mit dem Wohl seines Volkes ein für allemal seinen Nachfolgern unmöglich gemacht hatte.

Wie der Grosse Kurfürst, so stand Friedrich Wilhelm der Erste vor der Aufgabe, nochmals von vorn anzufangen.

Den Einflüssen eines nichtsthuerischen schöngeistigen Dilettantismus hatte Friedrich Wilhelms ehrliche Kraftnatur sich schon in seiner Jugendzeit ebenso unzugänglich gezeigt wie dem zopfigen Doktrinarismus theoretisierender Pedanten. Wahrhaftig und schlicht, derb und gesund, rasch fassend und scharf im Urteil, ist er der grosse praktische Volkswirt geworden, der es selber aussprach, „dass er nach den Principiis verfahre, die er durch die Experienz und nicht aus Büchern gelernt habe." Wenn je bei der Wirksamkeit im Sozialleben, so ist bei dem ersten Friedrich Wilhelm die Persönlichkeit alles: er gab der genusssüchtigen, zügellosen und verweichlichten Gegenwart das Beispiel eines jener folgerichtigen, selbstgetreuen und gehaltvollen Männer wieder, die einst in den Tagen der Stammeswanderung unsere Altvordern zu Kampf und Sieg geführt hatten und die sie mit dem vielsagenden Ehrennamen eines „Einhart" auszeichneten. Wie eine wetterfeste Eiche stand dieser altgermanische Volksführer unter den modischen zuchtlosen Zierpflanzen seiner Zeit, zäh wurzelnd in dem Boden deutscher Sitte und Einfachheit, aber hineinragend mit seinem Haupt in den Himmel, dem er in freier Selbstverantwortung zu dienen überzeugt war.

Friedrich Wilhelm der Erste wusste recht wohl, wie viel harte Arbeitskraft und wie viel selbstlose Uneigennützigkeit notwendig sei, um aus der Unordnung, die ihm sein Vater hinterlassen, die Anfänge eines neuen Lebens zu schaffen, er erkannte aber auch genau den unübertrefflichen Wert des eigenen Beispiels für jede vernunftgemässe Erziehung. In letzterem hat er vielleicht die meiste Aehnlichkeit mit dem ersten fürstlichen Sozialreformator, den das deutsche Volk sein eigen nannte, mit Karl dem Grossen. Wie von diesem sein Biograph berichtet, dass er seine Töchter anhielt, sich mit Wollarbeiten zu beschäftigen und mit Spinnrocken und Spindel abzugeben, so sah auch dieser königliche Hausvater in Preussen darauf, dass die Königin am Webstuhl sass und seine weiblichen Familienglieder in den Pflichten und Arbeiten der Hausfrau den gebührenden schönsten Beruf erblickten. Nur die peinlichste Ueberwachung der Einnahmen und Ausgaben, die sorgsamste Verwaltung des Besitztums, die Beschränkung aller unnötigen Kosten, die redlichste Berechnung von Soll und Haben, mit einem Wort die Umwandlung des glanzvollen Hofhaltes zum schlichten bürgerlichen Haushalt war nach des Königs Meinung geeignet, die Voraussetzung abzugeben für die seiner Zeit entsprechende Sozialpolitik. Möglicherweise sind auch auf diese Gedankengänge die Grundzüge der merkantilistischen Staatspraxis nicht ohne Einwirkung gewesen. Einer der namhaftesten Vertreter dieser Anschauungen, der gerade im Anfang des achtzehnten Jahrhunderts zu allgemeinerer Anerkennung gelangte, der österreichische nationalökonomische Schriftsteller Hornegk war es ja, der vom Landesherrn forderte, er solle durch eigenen Konsum vorangehen, um so seine Unterthanen zu Abnehmern der heimischen Produktion heranzubilden.

Auf Hornegk geht das merkantilistische Verslein zurück, das so recht aus der Seele Friedrich Wilhelms gesprochen war:

„Deutschland hat zu seinem Schaden
Oder grossen Raserei
Fremde Kaufleut' eingeladen,
Dass es ja bald geldarm sei:

Fremde Waren, welche leider
Bringen nichts als fremde Kleider,
Machen unsre deutsche Welt
Reich an Hoffart, arm an Geld."

Ein ausgeprägtes, hochgespanntes deutsches Nationalbewusstsein war es, das den Merkantilismus Friedrich Wilhelms des Ersten durchzog. Getreu der individualistischen Grundstimmung des deutschen Volkscharakters hat er eben auch sein persönliches Beispiel in den Mittelpunkt seiner sozialen Wirksamkeit gestellt. Andere fürstliche Vertreter des Merkantilismus machten sich wohl den Gegensatz zwischen Inland und Ausland, zwischen heimischer und fremdländischer Produktion klar, bei Friedrich Wilhelm allein, dem wahren Erben der deutschen Gesinnung des Grossen Kurfürsten, gewinnt dieser Gegensatz einen neuen Inhalt durch seine echt deutsche Persönlichkeit. Die Verselbständigung und Befreiung nicht mehr der eigenen Landesproduktion, sondern der deutschen Arbeit schlechthin wird das Ziel seines Strebens. Unter seinem Volke soll wie in seinem Haus schlechterdings alles undeutsche Wesen aufhören, Sitte und Zucht, Denken und Glauben, Wirtschaft und Arbeit, der ganze Umkreis des menschlichen Lebens soll mit Bewusstsein deutsch und nur deutsch sein. So wuchs in Preussen der Merkantilismus unter der Pflege Friedrich Wilhelms des Ersten hinaus über die Enge des Protektionismus, hinaus auch über das Förderungsmittel des Staatsrechts, das aus ihm der Grosse Kurfürst gemacht hatte, und wurde zum treuen Diener des deutschen Patriotismus, zum Sporn des wiedererwachenden deutschen Nationalgefühls.

Die ganze Gewerbe= und Industriepolitik des Königs ist von diesem Grundgedanken erfüllt. Dort sucht er der monopolistischen Entartung des Zunftwesens zu steuern und dem Fleiss und der Begabung den Sieg über Intoleranz und Brotneid zu erleichtern, hier erlässt er Befehle, dass seine Unterthanen nur mit Erzeugnissen der heimischen Tuchfabrikation sich kleiden und ausstatten sollten, und verhilft diesen Befehlen zuweilen höchst eigenhändig zur Ausführung.

Neben seiner Fürsorge für die Industrie erlahmte die Sorge für die Landwirtschaft in keiner Weise. Er hat, wie Stadelmann es einmal ausdrückt, „dem Lande das Beispiel eines Regenten gegeben, der die Bedeutung der Landwirtschaft für den Staat, für den Nationalwohlstand voll würdigte, ja der selbst als umsichtiger ausübender Landwirt sich bethätigte." Ein ganzer trotziger altgermanischer Landwirt steckt eben in diesem Fürsten, und diese Natur bewährt und bekundet sich in allen seinen agrarischen Unternehmungen. Da wurden Landstriche, deren Kultur bislang unbeachtet oder verwahrlost war, urbar gemacht, wie die Provinz Ostpreussen. Dort hat der König Hunderte von Dörfern wieder aufgebaut, dort auch jene 17000 Salzburger angesiedelt, die klerikaler Fanatismus in die Fremde gejagt hatte. Es war selbstverständlich, dass die unheilvolle Vererbpachtung der Domänen wieder rückgängig gemacht wurde, und nur zu begreiflich, dass die gelegten Bauernstellen wieder ausgeteilt wurden. Keineswegs aber war es Rekrutenbedürfnis, das den König zum Verbot des Bauernlegens bestimmte, sondern wohlerwogene wirtschaftliche und soziale Beweggründe waren die Veranlassung. Denn wie sehr musste bei dieser unseligen Gepflogenheit der Grundherrschaften, die von ihren Bewohnern verlassenen Bauernhöfe einzuziehen und mit dem Gutsland zu vereinigen, der gesamte Ackerbau leiden! Zeigte sich doch meist nur allzubald, wie rein unmöglich es war, dass die wenigen Hände die vereinten ausgedehnten Ackerflächen sorgfältig und ausgiebig bestellen konnten.

Segensreich für die nationale Landwirtschaft wirkten weitere weitsichtige Reformen: die Sicherung einer geordneten Zeitpacht, die Regulierung der Getreidepreise, die Begründung des Landschulwesens, die Eingliederung der Landwirtschaftslehre in den Kreis der Universitätsdisciplinen und vor allem die ländliche Sozialreform durch die Beseitigung der Leibeigenschaft auf den königlichen Amtsdörfern.

Beinahe sollte man denken, Friedrich Wilhelm der Erste habe deutsche Wirtschaftsgeschichte studiert, so sehr erscheinen fast alle diese Massregeln als eine Wiederbelebung der guten alten Zeit der deutschen Landwirtschaft. Die Schilderung, die mit echt historischem Blick einige Jahrzehnte später der treue Justus Möser von den Wirtschaftsverhältnissen unserer Altvordern entworfen hat, ist gleichsam hier in der Wirklichkeit vorweggenommen von einem König, der so deutsch dachte, dass keine seiner Gesetzesverord=nungen nur die leiseste undeutsche Spur aufzuweisen vermochte. Wieviel Einsicht in die natürliche Entwickelung des Wirtschaftslebens unseres Volkes gegenüber dem bunten Gewebe von Willkürlichkeiten und Widersprüchen, von schwächlicher Nachgiebigkeit an die Vorteile und Vorurteile des Augen=blicks, als das in den meisten anderen Staaten die Agrargesetzgebung des achtzehnten Jahrhunderts sich uns darstellt.

Bei all dieser Pflege und Beachtung des Individualismus in Stadt und Land behielt der König doch zugleich den Staat und seinen Ausbau im Auge. In der Neuordnung der Verwaltung bethätigte sich eine straffe und zielbewusste Unionspolitik: so hat er die Oberbehörden für die Civil=verwaltung zu dem „Generaldirektorium", die Provinzialbehörden zu den „Kriegs= und Domänenkammern" vereinigt — und doch allenthalben darauf gedrungen, dass die so vereinigten Verwaltungen gegeneinander nach Obliegenheiten und Kompetenz fest abgegrenzt würden. — Auch hierin ist Friedrich Wilhelm so unverkennbar ähnlich Karl dem Grossen, auf den die Ausbildung einer festgefügten Verwaltung im neunten Jahrhundert zurückgeht und der auch dabei ebensosehr auf die Centralisation wie auf die Selbständigkeit der einzelnen Verwaltungsgebiete gebührende Rücksicht genommen hat. Der karolingische „Richter", selbst ein Wahrer könig=licher Gerichtsbarkeit in seinem Bezirke, unterlag doch wieder der genauesten Rechnungsprüfung und Beaufsichtigung seines königlichen Herrn — und Friedrich Wilhelm der Erste, der sehr darauf hielt, dass die zuständigen Behörden nicht umgangen wurden, erwies sich doch anderseits als oberster Herr und Rechtsprecher in Preussen, beständig prüfend und bessernd, all=zeit zu verschärfter Strafe oder mildernder Hilfe bereit.

Der Arme und Schlichte wusste genau, dass er nur sich persönlich aufzumachen brauche, um sich Ohr und Herz seines Landesvaters zu öffnen, und dass dieser keinen anderen Dank begehre, als vertrauensfreudige, furchtfreie Liebe seiner Unterthanen. Der Grosse Kurfürst hat das preussische

Beamtentum gegründet, Friedrich Wilhelm der Erste machte es zum Hüter des armen Mannes, zum Hort der Sozialpolitik in seinem Lande. Alle Verordnungen zu gunsten der Landwirtschaft waren zugleich im Dienste des kleinen Mannes auf dem Lande erlassen, und wie viel Verordnungen aus dem Bezirk städtischen Lebens bereiteten den Notleidenden dort Sicherung, Stütze und Schutz: gegen Wucher und Müssiggang, gegen Armut und Steuerdruck, gegen die Prügelstrafe wie gegen Hexenprozesse trat der König auf. Nichts war ihm zu gering, nichts zu unwichtig für seinen Eingriff. Nicht wenigen Gemeinden hat er die Feuerspritze angeschafft und den Nachtwächter angestellt, Gesundheitspflege und Geburtshilfe, das grosse Gebiet des Heilwesens und der Sittlichkeitspolizei unterstand seiner Kontrolle und Kritik. In allen seinen Bestimmungen offenbarte sich der königliche Volkswirt als ein thatkräftiger Vertreter all der Grundsätze, die der moderne Staat gerade für das Unterstützungswesen proklamiert hatte. Da war nichts, auch gar nichts von der weichlichen und gefühlsromantischen Sentimentalität, die im Mittelalter zu einer so haarsträubenden Sittenverderbnis geführt hatte. Als Gegenstand der Fürsorge erschien diesem Praktiker mit dem guten Herzen allein die Erwerbsunfähigkeit und die Hilfsbedürftigkeit, er verschloss sich nie der Wahrnehmung, dass Almosen aufhört Wohlthat zu sein, sobald es der Bettelei und dem Müssiggang Vorschub leistet. Der König gab sich nie dem phantastischen Wahnglauben des Theoretikers hin, als ob es je gelingen könne, die Unzufriedenheit in einem Staate, den Menschenhand gebaut hat, dauernd zu beseitigen. Aber das war sein felsenfester Entschluss, zu helfen, wo Hilfe nötig war, und in seinem Staat und in der Person des Monarchen ein festes Bollwerk zu gründen gegen alle sozialen Verirrungen. Friedrich Wilhelm war eben selbst zu sehr Individualist, um dem Individualismus alles zu erlauben, und zu sehr Praktiker, um dem Phantasiegebilde einer unfehlbaren Verwaltung seinen Glauben zu opfern. Mit einer kleinen Aenderung gilt auch hier das Wort, das der Fürst Bismarck im Jahre 1882 dem Reichstage über das Wesen der Majorität zugerufen hat: „Eine Verwaltung hat viele Herzen, aber ein Herz hat sie nicht — ein König hat ein Herz für sich, was Leiden mitempfindet."

Es ist klar, dass einer dergestalt wirksamen und einheitlichen Sozialpolitik ein Gebiet nicht entgehen konnte, das ganz unmittelbar die Lebensverhältnisse und Lebensäusserungen des Einzelnen umfasst, das Privatrecht. Wie die sozialpolitischen Ueberzeugungen des Königs waren, war es ausgeschlossen, dass er das Rechtssystem zu gunsten einzelner bevorzugter Volksklassen auszubilden unternahm. Es war aber auch zunächst noch unmöglich, die Privatrechtsordnung etwa „im Interesse der grossen Masse" und der „besitzlosen Volksklassen" umzugestalten. Noch bestanden Causende einander widersprechender Landeskonstitutionen; in einem Dorfe galt mitunter ein hundertfach zerstücktes Recht, ja es gab Häuser, in deren verschiedenen Wohnräumen verschiedene Rechtssysteme in Geltung waren. Da erschien als das nächste Ziel, dem der König zusteuerte, dass wenigstens erst einmal das gesamte Privatrecht kodificiert wurde, um so den Boden zu bereiten für eine Rechtsordnung, die jedem Volksgenossen und dem ganzen Volke das giebt, was ihm gehört. In Russland hatten Peters des Grossen Reformen verhindert, dass das durch den griechischen Klerus eingeführte „gradskoi sakon" (das römische Recht) zur Grundlage des gesamten Privatrechts wurde. Bei uns liess sich indessen ein Prozess, der sich in den Wehen von Jahrhunderten vollzogen hatte, nicht im Handumdrehen aufhalten oder zurückschrauben. Der Versuch der Kodifikation des Privatrechts, wie ihn Friedrich Wilhelm der Erste unternahm, enthielt immerhin für seine Nachfolger die Mahnung, für die Durchführung einer Rechtsordnung zu kämpfen, die dem Grundcharakter des deutschen Volkes entspricht und der alle Klassen dieses Volkes in freier Entschliessung ihre Anerkennung erteilen könnten.

So weitausgreifend alle diese Pläne waren, die der König in seiner Seele trug, eine soziale Schöpferkraft, wie die seine, vermochte nicht die Saat zu bestellen, ohne zugleich deren Vorbereitung zu besorgen. Die beste Vorbereitung aber für Saat und Ernte im Staatsleben ist allemal eine strenge gediegene Zucht. Wo anders aber sollte ein Hohenzoller zu deren Durchführung ansetzen, als bei dem sozialen Stand, den der Grosse Kurfürst geschaffen, bei dem stehenden Heer.

Es war im Jahre 1733, als Friedrich Wilhelm der Erste seinem Lande eine Militärverfassung gab, die man das Kantonsystem genannt hat. Denn sie teilte den ganzen Staat in eine Anzahl Kantone ein und verpflichtete alle Bewohner in dem Regiment zu dienen, zu dessen Kanton sie gehörten. Freilich, es gab nach diesem Reglement noch genug Befreiungen von der Dienstpflicht, und gerade hierin offenbart sich die Wirtschaftspolitik des Königs: denn die einwandernden Kolonisten und die Woll= und Tuchfabrikanten erhielten ebenso Befreiung wie die Söhne der Edelleute und der vermöglichen Bürger. Aber der erste Schritt zur allgemeinen Wehrpflicht war gethan, und diese war eingeführt, sobald die Befreiungen fielen. Welch eine soziale Zukunft eröffnete sich diesem Staate und seinem mittels der allgemeinen Wehrpflicht geeinigten Staatsbürgertum! All die eigentümlichen Kräfte, die bis dahin noch unerkannt im Volke ruhten und unbenutzt versiechten, mussten in mächtigem Regen und Ringen den gesamten Volkskörper durchfluten und zu einem frischblühenden Organismus umwandeln. Erst wenn kein kastenmässig vom Volke abgeschlossenes Waffenwesen mehr in starrer Verknöcherung einsam dahinwelkte, erst wenn das Heer innig mit dem Volke und seinen Interessen zusammenwuchs, war es möglich, den Armen wie den Reichen unmittelbar mit dem Staat und den Staatszwecken zu verknüpfen. Mit dem Gedanken der allgemeinen Wehrpflicht hat Friedrich Wilhelm der Erste die soziale Schule geschaffen, in der das preussische Volk erlernen sollte, die gesellschaftlichen Gegensätze auszugleichen in rechtem Eifer für die staatliche Entwickelung, und in der der Staat selber sich fähig erweisen sollte, seine Lebensentfaltung untrennbar zu verknüpfen mit einer innerlich gesunden denk= und leistungsfähigen Gesellschaft.

So hat der grosse deutsche Praktiker auf dem preussischen Königsthrone bis ins kleinste hinein dem Wohle seines Volkes gelebt und dieses für die Zukunft gerüstet und erzogen. Seinem Nachfolger aber hinterliess seine Wirksamkeit die reife und gute sozialpolitische Erinnerung: ohne pflichttreue, opferwillige Hingebung an den Staat herrscht Stammbaum, Geldsack und Faustrecht, nicht aber, wer einzig herrschen sollte: der Adel, das

Bürgertum und die Arbeit. Lange Zeit ist der König bitter und hart verkannt worden. Die gemeine Meinung sah in dieser gewaltigen sozialpolitischen Individualität meistens nur den despotischen Vertreter eines Parade=Militärsystems, und auch die Geschichtsschreibung gewann kein objektives Bild seiner anspruchslosen herzgewinnenden Grösse. Erst Ranke, Droysen und Schmoller haben, gestützt auf aktenmässige Studien, mit festen Strichen sein unvergängliches Bild gezeichnet, dem schon der geistvolle alte Burggraf von Marienburg, der preussische Oberpräsident Heinrich Theodor von Schön, die leuchtende Unterschrift gesetzt hatte: „Preussens grösster innerer König."

Als Fortsetzer und Vollender des spät verstandenen Lebenswerkes seines Vaters hat Friedrich der Grosse über dem Sozialleben seines Volkes gewaltet, und doch waren es vielfach neue Bahnen, die er gewandelt ist. Das warmschlagende volksfreundliche Herz konnte ja dem Sohne Friedrich Wilhelms nicht fehlen, der als Schriftsteller der utilitaristischen Staatskunst Machiavellis gegenüber voll Nachdruck das Fürstenideal des modernen Staates verfochten hatte, der sein königliches Amt mit der Abschaffung der Folter begann und der in Poesie und Rede immer wieder den Grundton anklingen liess: „je serai le roi des gueux". Immerhin, in seiner Agrarpolitik wie in seiner Heerespolitik hat Friedrich allezeit eine besondere Vorliebe für den adeligen Stand an den Tag gelegt. Nur „der Not gehorchend" hat er während des siebenjährigen Krieges bürgerliche Offiziere ernannt und somit, soviel an ihm lag, den Gedanken der allgemeinen Wehrpflicht in seinem segensreichen Laufe aufgehalten. Freilich, welch grosser Sinn, welch unverwüstlicher Heroismus erwuchs beim Kanonendonner seiner schicksalsreichen Feldzüge unter den Adligen aus der Mark, aus Preussen und aus Pommern, so dass sie der Wirtschaftshistoriker Nitzsch sehr wohl mit der Nobilität der älteren römischen Republik vergleichen konnte. Wie völlig deckt sich damit die Schilderung, die Friedrich August Ludwig von der Marwitz entwirft: „In der That hat es niemals eine Institution gegeben, in welcher das Rittertum ähnlicher wieder aufgelebt wäre, als in dem Offizierstande Friedrichs des Zweiten. Dieselbe Entsagung jedes persönlichen Vorteils, jedes Gewinstes, jeder Bequemlichkeit — ja jeder Begehrlichkeit, wenn ihm nur die Ehre blieb; dagegen jede Aufopferung für diese, für seinen König, für sein Vaterland, für seine Kameraden, für die Ehre der preussischen Waffen. Im Herzen Pflichtgefühl und Treue, für den eigenen Leib keine Sorge."

Auch bei allen Thaten des Königs für die landwirtschaftliche Bevölkerung ist vorzugsweise der adelige Grundbesitz gefördert worden, wenn auch naturgemäss viele der agrarischen Reformen der gesamten Landwirtschaft zu gute kommen mussten. So sorgte der grosse König durch Pfandbriefanstalten und Barunterstützungen für die Erhaltung des adeligen Besitzes. Wie dem Rittmeister von Blücher, so hat Friedrich manchem Grundbesitzer beträchtliche Geldsummen ohne Zinsforderung geliehen und schliesslich, wenn er sie gut angewandt sah, geschenkt. Alledem verbinden sich dann die Massregeln des Königs, um durch Ankauf grosser Getreidemassen in billigen Zeiten und durch Aufspeicherung in Staatsmagazinen eine einheitliche Gleichmässigkeit der Getreidepreise zu erzielen. So gelang es ihm beispielsweise im Jahre 1771 den Scheffel Roggen auf einem über die Hälfte niedrigeren Preise als damals in Sachsen und Böhmen zu halten, und so wirkte er stets nach der gleichen Richtung, dass weder ein allzu starker Preisdruck die Existenz des Landwirts in Frage stellen noch eine übergrosse Aufschraubung des Preises der Brotfrüchte den ärmeren Volksklassen die unentbehrlichen Lebensbedürfnisse entziehen sollte.

Daneben ging wieder ganz im Sinne des Grossen Kurfürsten eine gewaltige Arbeit auf dem Gebiet der Landesmelioration, Kanalisation und Kolonisation: allenthalben, in Litauen und in Preussen, in der Kurmark wie im Warthe- und Oderbruch wurden kulturwidrige Verhältnisse beseitigt, öde Strecken in fruchtbares Ackerland umgewandelt, die Bevölkerung zur Arbeit angehalten und zugleich ihre soziale Stellung gebessert und gehoben. Wie sein Vater für Westpreussen, so sorgte Friedrich für Ostpreussen, und die von jenem ins Werk gesetzte Aufhebung der Erbunterthänigkeit auf den Staatsdomänen hat auch der Sohn mit allen Kräften weitergeführt. Eine Geschichte beweist mehr als viele Worte, wie gesund und tüchtig den Zeitgenossen

Friedrichs Agrarpolitik erschien. Als der Netzedistrikt in seinen Besitz kam, da wusste es die Gräfin Skorzewska, die im Bezirk Bromberg reich begütert war, durchzusetzen, dass ihre Güter, obschon sie nicht zu dem Gebiet gehörten, das an Preussen fiel, dennoch mit diesem vereinigt wurden. Wenigstens im Kreise überlegender und einsichtsvoller Staatsbürger schien doch allmählich jene alte einst sozial so bedeutsame Wahrnehmung, dass unter dem Krummstab gut wohnen sei, vor der modernen Erkenntnis zu weichen, dass innerhalb der schwarz-weissen Grenzpfähle noch etwas anderes, Höheres herrsche als der Staatskassen-Egoismus der Merkantilisten und dass Schutz und Schirm dieses Hohenzollernkönigtums einen stärkeren wirtschaftlichen Rückhalt gewähre als selbst die aristokratische Republik mit dem „liberum veto" polnischer Landboten und Gutstyrannen.

In inniger Verkettung steht bei dem grossen Könige seine Fürsorge für die landwirtschaftliche und für die gewerbtreibende Bevölkerung. Wer will es entscheiden, welchem der beiden Produktionskreise die Begründung des Netze- und des Bromberger Kanals mehr zu gute kam, die in der Verbindung von Oder und Weichsel zugleich eine neue Vermittelung zwischen diesen östlichen Flusssystemen und dem inneren Deutschland geschaffen hat? Hier wie dort musste es gleich wohlthätig empfunden werden, dass der Absatz landwirtschaftlicher und gewerblicher Produkte erweitert und erleichtert wurde, dass die durch Getreidemangel entstehenden Teuerungen beseitigt, dass der schädliche Einfluss des Spekulationsgeistes auf die Gestaltung der Preise möglichst neutralisiert wurde. Hier wie dort hat die allgemeine Hypothekenordnung, die im Jahre 1783 erlassen worden ist, und die Errichtung der Berliner „Giro-Disconto- und Leihbank" vom Jahre 1765 viel Segen im Wirtschaftsleben gestiftet. Denn wie hiermit dem Gläubiger genügende Sicherheit und die vollkommene Verwertung seines Pfandrechtes gewährleistet wurde, so stellte die Königliche Bank in Berlin das gesamte Geld- und Kreditwesen des Staates auf eine neue Stufe der Entwickelung. Indem jetzt Preussen eine den Schöpfungen der Engländer und Holländer analoge Institution ins Leben rief, erkannte es von Staats wegen die Fortschritte an, die das nationale Wirtschaftsleben seit den

Tagen des Grossen Kurfürsten gemacht hatte, und eröffnete freie Bahn für eine Gesetzgebung, die später im Allgemeinen Landrecht den kaufmännischen Kreditverkehr vollständig von allen Zinsgesetzen befreien sollte. Noch ehe Bentham in seinem „Defence of usury" (1787) bewies, wie verwerflich und unpolitisch die Beschränkungen des Geldverkehrs seien, und ehe Turgot gegen Zinsgesetze auftrat, hat die Gesetzgebung im Staate des grossen Friedrich den Weg eingeschlagen, der zu einer vorurteilsfreien Anerkennung der Produktivkraft des Geldkapitals führen musste.

Eine enge Verbindung zwischen dem Geld- und Verkehrswesen schlug dann das Handelsinstitut, das am 14. Oktober des Jahres 1772 eröffnet wurde, die preussische Seehandlung. Diese Aktiengesellschaft, zu deren Betriebskapital der König bedeutende Zuschüsse gab, erhielt das Privilegium, dass nur ihre Schiffe in preussischen Häfen Salz an- und verkaufen durften, und erwuchs also nicht nur zur Vermittlerin des Handels zwischen Preussen und anderen Staaten, sondern dehnte auch infolge der Ausgabe von Bankkassenscheinen ihren Geschäftskreis allmählich auf das eigentliche Bankgeschäft aus: eine Wirtschaftsinstitution, die in ihrer Doppelnatur eindringlich den Zusammenhang und die Wechselwirkung zwischen Handelsverkehr und Geldgeschäft erwies und zugleich für Gegenwart und Zukunft dem Kredit die hohe Mission anvertraute, die wirtschaftlichen Kräfte zu erhalten und zu verknüpfen. Wer vermöchte ziffernmässig den Nachweis zu erbringen, wie viel Ströme von Lebensgedeihen und Segensfülle diese Entfesselung der Kreditverhältnisse über den Boden des Hohenzollernstaates geleitet hat, wie viel Kapital- und Arbeitskräfte sich fortan ungehemmt entfalten konnten, in wie manchem Haushalt und Betrieb Ordnung und Stetigkeit einkehrten, wie oft verschiedenartige Interessen unauflöslich miteinander verkettet wurden, wie häufig die Hilfsbedürftigkeit neuen Mut und verjüngtes Selbstvertrauen sich wieder gewann und wie durch alles das Ansehen, Geltung und Sicherheit des Staates beständig sich festigten und erweiterten! Solche Ergebnisse stehen ja auf jedem Blatt der ehrlichen preussischen Finanzgeschichte zu lesen, und es war lediglich ein Vermächtnis der Friderizianischen Finanzpolitik, wenn so manches gewagte

Unternehmen der Staatsschuldenverwaltung im Anfang des neunzehnten Jahrhunderts nicht misslang; nicht zuletzt der Seehandlung gebührt das Verdienst, dass nach unsteten Kreuz= und Querzügen der zwanziger Jahre im Jahre 1829 doch der Parikurs der preussischen Papiere wieder gesichert und die Staatsschuld endlich geregelt und geschlossen war.

Derjenige Beurteiler, der sich vielleicht über Friedrichs Begünstigung der adeligen Landwirtschaft wundern mag, wird von den Voraussetzungen des Merkantilismus aus die Stellung des grossen Königs zu Handels=, Verkehrs= und Geldwesen durchaus begreiflich und gerechtfertigt finden. Und Anhänger des Merkantilismus war Friedrich der Zweite ebenso wie sein Vater und Ahnherr, nur dass er die unliebsame Konsequenz, die Frankreich gegen England und Deutschland, England selber gegen Portugal und Holland gezogen hat, niemals zur Anwendung gebracht hat. Nie hat der grosse König nach Art eines Methuenvertrags oder einer Navigationsakte den Versuch gemacht, in die Wirtschaftsverhältnisse anderer Staaten hinein= zugreifen, sein Streben blieb allezeit nur die Begründung des nationalen Wirtschaftsstaates und die Regelung seiner Produktion. „Das Geld soll möglichst im Lande bleiben; man wird reich, wenn man weniger ausgiebt, als man einnimmt —" dieser Ausspruch kennzeichnet zur Genüge den Merkantilisten, der zwar getreu dem Gedanken der Reformation das In= land gegenüber dem Ausland wirtschaftlich selbständig machen wollte, aber dies doch eben auch erstrebte durch das Verbot einer Ausfuhr der Edelmetalle und einer Einfuhr fertiger Produkte. Daneben freilich hat Friedrich der Grosse sich als Neuschöpfer wichtiger und bedeutungsvoller Zweige der Industrie und Manufaktur seines Landes bewährt.

Da erstanden Eisen= und Stahlfabriken, Zuckersiedereien und Zucker= raffinerien, Papier=, Samt=, Woll= und Baumwollfabriken, und allenthalben wurden die Industriellen durch Prämien, Vorschüsse und Darlehen seitens des Staates unterstützt. Kein Opfer hat Friedrich der Grosse gescheut, um vor allen Dingen die Seidenindustrie in seinem Lande einzubürgern und ihr nachhaltige Ergebnisse für die heimische Volkswirtschaft abzuringen. Es kann dabei freilich dem König der Vorwurf nicht erspart bleiben, der auch späterhin Napoleons des Ersten Wirtschaftspläne trifft. Wie dessen abenteuerliche Absicht, in Frankreich Zucker- und Kaffeeplantagen anzulegen, so entsprang auch Friedrichs Begünstigung der Seidenindustrie zwar dem schätzenswerten festen Glauben, dass der vaterländische Boden „zu jedem guten Werk geschickt" sei, aber im Grunde drängten doch alle diese Massnahmen und Absichten die heimische Industrie auf eine unnatürliche Bahn, auf der sich weder ihre Konkurrenzfähigkeit mit dem Ausland noch überhaupt die Begründung eines nationalen Wirtschaftsmonopols durchsetzen liess. Es thut im Wirtschaftsleben der Völker niemals gut, wenn der in Erkenntnis und Thatkraft ringende Menschengeist übermässig in die Schranken der Naturbedingtheit gebannt werden soll, aber ebenso vermag kein Volks- und Staatswirt ungestraft den aussichtslosen Kampf mit Klima und Bodengestaltung aufzunehmen. So wenig auf den Gipfeln der Gletscher im ewigen Schnee Rebe und Oelbaum gedeihen, so wenig wird das Lebenselement der Seidenraupe, der Maulbeerbaum, dort zu üppigem stattlichen Wuchse erstarken, wo die düstere Kiefer im märkischen Sande ihre zähe sturmfeste Krone entfaltet.

Sicherer, dauernder und ertragreicher als die Seidenindustrie erwies sich bald die Porzellanmanufaktur, die schon im Jahre 1751 vorhanden, 1763 neu begründet, eine grossartige Vervollkommnung erhielt. Seitdem entlaufene Arbeiter das vordem strenggehütete Fabrikgeheimnis der Meissener Albrechtsburg an anderen Stellen ausgeplaudert hatten, erwachte unter den deutschen Fürsten ein reger Wetteifer, in ihren Gebieten eigene Werkstätten der Keramik zu errichten. Unter allen deutschen Porzellanfabriken des achtzehnten Jahrhunderts trat aber allein die Berliner künstlerisch gleichberechtigt neben die Meissener, und noch heute preist der Liebhaber und Sammler, wenn er Eleganz, Schmelz und Farbenreiz des Porzellans bewundert, in gleicher Begeisterung die Meissener Kurschwerter wie das Berliner Scepter. Dass unter dem Vertrieb der gesteigerten Produktion die Industrie neu belebt, die industrielle Bevölkerung gestützt und gefördert worden ist, bedarf ebensowenig der Erwähnung, wie die Thatsache, dass dem Staatshaushalt neue Einnahmequellen erschlossen wurden und der gesamten Staatswirtschaft ein ungeahnter Aufschwung beschieden war. Mit Genugthuung erkannte der allzeit spottlustige Berliner, wie die Bevölkerungszahl der emporblühenden Hauptstadt bis auf 150000 stieg, aber auch der einfache Mann draussen in der Provinz wurde etwas davon gewahr, dass bei dieser Entwickelung auch seine ehrliche Arbeit gebührenden Gewinn fand und dass also Thätigkeit und Berufsanstrengung des Staates und des Königs hinwiederum der Gesamtheit wie dem Einzelnen zu gute kamen.

Von diesem harmonischen Einklang zwischen Privatarbeit und Staatswirksamkeit hing freilich die Zufriedenheit im Wirtschaftsleben des preussischen Volkes aufs allerentschiedenste ab. Lenkte der König von diesem Wege ab, widerstand er der drohenden Versuchung, die private Konkurrenz der staatlich betriebenen Gewerbe zu beseitigen, nicht, dann legte er selber die Axt an die Wurzel des Baumes, den er gepflanzt hatte. Und Friedrich der Grosse ist dieser Versuchung erlegen, weniger vielleicht aus finanzpolitischen fiskalischen Erwägungen heraus, als deshalb, weil von Jahr zu Jahr mehr in ihm der Staatsgedanke allmächtig alles Dichten und Trachten beherrschte. Wie er in ihm die Quelle all seiner Erfolge, die bestimmende Macht seines so reich gesegneten Lebens und Strebens erkannte, so sah er auch in seiner Anwendung auf das Wirtschafts- und Sozialleben das alleinige höchste Heil der Zukunft seines Volkes. Das anmassende Wort „allerchristlichster" Monarchenverblendung „l'État c'est moi" gewann bei diesem Hohenzoller eine eigenartige Umwandlung dahin, dass nicht nur der König, sondern jeder Einzelne im Lande im Wohle des Staates das Wohl seines eigenen Ichs und im Aufgehen dieses Ichs in der Persönlichkeit des Staates den Endzweck seines Handelns erblicken sollte. Freilich, Jahrhunderte werden versinken in den Strom der ewigen Menschheitsgeschichte, und vielleicht niemals wird sich unter den Völkern auf Erden verwirklichen lassen jene grosse und doch so unheimliche Idee, die Friedrich der Zweite in ihrer ganzen schroffen Konsequenz zuerst geprägt hat: „Der Staat ist mein Ich." In seinem Preussen des achtzehnten Jahrhunderts hatte sie jedenfalls noch keinen Raum, und auch die gewaltigste Herrscherfaust vermochte ihr keine bleibende Statt hienieden zu schaffen.

Die sogenannte „Regie", das heisst das Staatsmonopol, wurde auf ausdrückliche Verordnung Friedrichs bei Cabak, Kaffee und Salz eingeführt, im ganzen sind allmählich etwa fünfhundert Warengattungen dem freien Verkehr entzogen worden. Begreiflich genug, dass alle die Unterthanen, die an Stelle des Konfektes und Reisbreis, mit dem vordem der Besuch traktiert worden war, diesem jetzt Kaffee servierten, aufs heftigste erbittert wurden, zumal noch die „Kaffeeriecher", angelockt von dem Geruch gebrannten Kaffees, in die Häuser drangen und mit Denunziationen zu hohen Strafen jeder Uebertretung begegneten. Zahlreiche Spottgedichte und Spottzeichnungen suchten die Regie öffentlich lächerlich zu machen. Kam dann dem König ein derartiges Pamphlet zu Gesicht, wie etwa jenes „kurzweilige Gespräch über den Kaffee zwischen ein paar Invaliden nebst dem Abschiedsliede einer alten Jungfer, Johanna Cichoria Klatschtaschin an ihre Kaffeekanne nach der Melodie: Valet will ich dir geben", so erwiderte Friedrich in einem Sinne, der den zielsicheren Vertreter des Staatsallmachtsbegriffs genügend deutlich kennzeichnet: „Lasst die Leute nur reden, was sie wollen, wenn sie nur das thun, was sie sollen, und dem Staat das geben, was er ihnen auferlegt." Und wenn er gar den Kaufleuten, die ihn um Freigabe des Kaffeehandels flehten, den seltsamen Bescheid gab, „sie sollten sich dieses schelmischen Handels enthalten und zum Ersatz ihres vermeintlichen Schadens mit Hammeln, Kälbern und anderem Schlachtvieh Gewerbe treiben", so betonte er mit dieser lakonischen Antwort in scharfer Satire, wie himmelweit der Unterschied sei zwischen dem egoistischen Bereicherungsgelüst dieses kleingläubigen Geschlechtes und der unerforschlichen Riesengrösse des Staates. Auch von Friedrich dem Grossen und seiner Staatsauffassung gilt das Wort, das Eckermann über Goethe gesagt hat: „Wollte er seinen Glauben aussprechen, so würden sie erstaunen, aber sie würden nicht fähig sein, ihn zu fassen."

Der vollendetste Ausdruck solcher Gedankengänge und zugleich der krönende Abschluss dieser sozialen Wirksamkeit ist das Preussische Landrecht, das indes erst nach Friedrichs Tode am 5. Februar des Jahres 1794 veröffentlicht worden ist. Zahlreiche Mitglieder der Gesetzeskommission

haben sich um die Sichtung und Klärung des materiellen Rechtes hoch=
verdient gemacht, keiner mehr als Karl Gottlieb Svarez, der bereits bei
der Begründung des landschaftlichen Kreditsystems in Schlesien die Auf=
merksamkeit des grossen Königs auf sich gezogen hatte. Ein gewaltiges
Werk, dieses Landrecht, das der Rechtshistoriker der Romantik, Savigny,
selbst dem Code Napoléon vorgezogen hat! Hier war in der That der
Schutz des Rechtes als der Zweck eines Staates anerkannt, der beständig
für die Wohlfahrt aller seiner Angehörigen wachte und wirkte und ihren
sozialen Bedürfnissen entsprechend die Gesetzgebung pflegte und wahrte.
Fortan gab es im Staate Friedrichs des Grossen ebensowenig ein lehens=
rechtliches Magdtum, das die preussische Justiz an den Schatten von Reichs=
recht geknüpft hätte, noch ein politisches Dienstverhältnis, in das die persön=
liche Allmacht des Monarchen die organische Rechtsentwickelung hätte
hineinzwingen können. Das „Allgemeine Landrecht" hat Preussens Recht
und Gesetzgebung nationalisiert und zugleich individualisiert. Freilich,
das geschah lediglich dadurch, dass sich der Staatsgedanke allmächtig über
das Rechtsleben lagerte, aus ihm entquoll und in ihn mündete wieder
die rechtliche und soziale Ordnung des Volkes.

Es ist Pflicht des Staates, den Bürgern den Unterhalt zu verschaffen, die
das selber nicht vermögen, und denjenigen, denen die Verdienstgelegenheit
mangelt, die ihren Fähigkeiten und Kräften entsprechende Arbeit anzuweisen
— so bestimmt das Landrecht in seinem zweiten Teil. Mit diesen Sätzen
ist ja nun keineswegs in gedankenloser Uebereilung „das Recht auf Arbeit" in
dem ganzen Umfange des heutigen sozialistischen Doktrinarismus proklamiert,
keineswegs dem Staat die Chimärenaufgabe gestellt, alle Beschäftigungslosen
zu beschäftigen, jede Existenzunsicherheit zu beseitigen und alle seine
Unterthanen gegen die wirtschaftlichen Folgen der Arbeitslosigkeit in Schutz
zu nehmen. Aber das lässt sich doch nicht leugnen: die Bestimmungen
des Landrechts fassen durchaus nicht nur die Armenunterstützung ins Auge
und geben durchaus nicht nur eine Anweisung, wie etwa der Privatmann
arbeitsfähigen Armen Unterstützung zu teil werden lassen soll, sie stellen
dem Staate nachdrücklich die Aufgabe, die Lebensgrundlage der Bevölke=

rung zu sichern und dem Schwachen und Hilfsbedürftigen das Streben nach einer besseren und vollkommeneren Zukunft zu erleichtern. Es ist keine Uebertreibung, wenn der Graf Mirabeau meinte, Preussen sei mit seinem Landrecht dem übrigen Europa um ein Jahrhundert vorausgeeilt. Wer die Entstehungsgeschichte der Sozialgesetzgebung des Deutschen Reiches kennt, weiss, dass gerade die erwähnten Artikel des preussischen Landrechts es waren, auf die sich Fürst Bismarck in einer Reichstagsrede des Jahres 1884 bezog, und auf sie mag er sich wohl auch gestützt haben, als er damals die Worte ausrief: „Geben Sie dem Arbeiter das Recht auf Arbeit, solange er gesund ist, sichern Sie ihm Pflege, wenn er krank ist, sichern Sie ihm Versorgung, wenn er alt ist!" Der geistvolle und weitblickende Feuergeist aus der Provence hat Recht behalten: nahezu hundert Jahre nach dem Erlass des grossen Friderizianischen Gesetzbuches ging man in Deutschland dazu über, von Staats wegen das durchzuführen, was es verhiess, und noch immer ist die Erörterung nicht zum Abschluss gelangt, ob Staat und Gemeinde verpflichtet sind, in Zeiten der Erwerbslosigkeit den unverschuldet Arbeitslosen Beschäftigung zu gewähren.

Das aber ist keine Frage: dieser Staat Friedrichs des Grossen mit seinen staatlichen Getreidemagazinen, seinen Monopolen und der Proklamation des Rechtes auf Arbeit näherte sich stark dem, was wir heutzutage Staatssozialismus nennen. Da war die Allmacht des Ganzen, der selbst der König nur als erster Diener sich beugte, zur Beherrscherin des Einzelwillens erklärt, dessen Leitung allerdings nur gelang, wenn das allmächtige Ganze wiederum von einem ordnenden, beaufsichtigenden und rücksichtslos waltenden Einzelwillen beseelt war. Und nur indem dieser regierende und doch selber vom Staatsgedanken regierte Einzelwille in der Arbeit den Inhalt seines Wirkens erkannte, vermochte er den Staatsbürgern, denen das Recht auf Arbeit verheissen war, zugleich die Pflicht der Arbeit einzuschärfen, ohne die jenes Recht stets nur auf dem Papiere stehen müsste. Und ein selbstloses, selbstentsagendes Arbeitsleben im Dienste des Staates hat der königliche Einsiedler von Sanssouci seinem Volke in der That vorgelebt wie selten ein Monarch. Vielleicht weniger bewusst, aber nicht weniger überzeugungstreu als sein Vater hat Friedrich dieses königliche Beispiel gegeben, wohl wissend, dass der Mensch ein erträumtes Glück nur dann findet, wenn er an dessen Verwirklichung nicht glaubt. Friedrich Wilhelm der Erste und Friedrich der Grosse, wie ähnlich sind Vater und Sohn, die sich so spät erst verstanden, in ihren Zwecken und Absichten, und wie grundverschieden in der Ausführung ihrer Pläne, in den Wegen, die sie zum Ziele hin eingeschlagen haben. Beide trefflliche Illustrationen der tiefen geschichtlichen Wahrnehmung, dass es unter den Hohenzollern so viele Individualitäten gab und doch so wenig Individualität, weil eben jeder Herrscher sein Ich der überindividuellen Aufgabe seines ganzen Geschlechts, den unsterblichen Triebkräften der Jahrhunderte zum Opfer brachte. Nie hat der Vater den Versuch unternommen, mit den Sozialmächten, die er selber entfesselt, sich an Aufgaben zu wagen, deren Lösung seiner Meinung nach erst der Zukunft aufbehalten blieb. So hat er die schwere Pflicht der Entsagung in der auswärtigen Politik geübt, nicht etwa, weil ihm der kecke Impuls des Willens gefehlt hätte, sondern weil in ihm der Gedanke an umfassendere Zwecke als die des Augenblicks lebendig war. Der Sohn konnte der Versuchung nicht widerstehen, das Schwert zu schwingen, das der Vater geschmiedet, und in der Stiftung des Fürstenbundes des Jahres 1785 gleich dem Grossen Kurfürsten seinen sozial gefestigten Staat an die Führerstelle in Deutschland zu setzen. Er wusste es, dass ein Volk, das in den Leiden und Kämpfen von sieben wechselvollen Kriegsjahren seine Lebenskraft bewährt hatte, eben Einheit genug besass, um dem zerfleischten deutschen Leben die Einheit, die ihm not that, zu schenken. Und um den Organismus noch mehr zu stählen und zu festigen, hauchte er ihm als lebendigen Odem den Staatsgedanken ein, der in heisser Glut ihn läutern und reinigen oder bis auf den Grund verzehren musste. Allerdings, wenn der nicht mehr war, der diese Glut beständig nährte und schürte, wenn der Schöpferatem seines Feuergeistes unter kommenden Fürsten erlosch, dann konnte die Flamme möglicherweise viel von ihrer reinigenden, allerwärmenden Leuchtkraft einbüssen. Insofern geht Preussens Niederlage unter der Napoleonischen Sturmflut auf Friedrich den Grossen zurück, der seinen Staat so unmittelbar mit seinem einzigen königlichen Herrscherwillen zusammengeschweisst hat, aber auf Friedrich den Grossen greift wieder auch die glorreiche Erhebung der Befreiungskriege zurück, weil er seinem Staat einen Lebenskeim eingepflanzt hatte, der nicht faulen und sterben konnte, sondern im Weckerstrahl der Frühlingssonne sich regte zu Keimen und Sprossen, zu Blüte und Frucht.

Wie so ganz anders standen Vater und Sohn, Friedrich Wilhelm der Erste und Friedrich der Grosse nach alledem ihrem Volke gegenüber. Dort der derbkräftige Vater, der Herr und Eigentümer seines Landes, der Lehrer und Erzieher seiner Unterthanen, aber auch der strenge Zuchtmeister, der unbedenklich höchst eigenhändig die Kattunvorhänge von den Fenstern reissen konnte, an denen er Vorhänge aus heimischem Wollstoff erblicken wollte, und der den saumseligen Chorschreiber, der in den Morgen hinein schlief, aus dem Federbett herausprügelte, aber doch jedem seines Volkes persönlich nahe stand, gefürchtet und gleichwohl geliebt und verehrt. Hier der Sohn, „der gerechte Lenker aller Schicksale", wie ihn von der Marwitz nennt, gleich der Vorsehung unnahbar über seinen Unterthanen waltend und mit der Schroffheit seines Staatsgedankens mehr drückend als befreiend: nur zuweilen trat er dem einzelnen näher, wenn er am stillen Beiwachtfeuer mit seinen Soldaten verkehrte wie mit seinen Kindern, wenn er, gefolgt von der lärmenden Schuljugend und den tanzenden Gassenjungen, in die Hauptstadt geritten kam, oder wenn in sommerlicher Nachtstunde der einfache Mann, unbehelligt von den Posten, durch das geöffnete Fenster der Schlafstube auf der Terrasse von Sanssouci die verwitterten Züge anstaunte, in denen so viel saure Arbeit für alle ehern geschrieben stand. Das wusste man wohl, dass der greise Staatswirt nie und nimmer an sich dachte, wenn es galt, das Glück von Millionen zu bauen, und nie thatenlustigem Weltherrscherdrang den Vorrang gab vor der selbstlosen Aufopferung für das Wohl seines Volkes. Aber deshalb blieb er doch „der Einzige", der einsam und allein auf seinem Throne sass und dem so auch das Wort des Marquis Posa galt: „Einem Gott kann man nur opfern, zittern, zu ihm beten". Unfasslich und unerreichbar, abstrakt wie sein Staatsgedanke erschien er dem Geschlecht jener Tage, hart und dunkel, unfähig, emporquellende neue Lebensmächte anzuerkennen, aber in seiner allerdrückenden Grösse doch als unvergängliche Mahnung, das aufzunehmen, was er gesät, und das zu vollenden, was er gewollt. Die angeborene Trägheit des staatsbürgerlichen Durchschnittsmenschen blieb der schlimmste Feind Friedrichs des Zweiten und seines sozialen Wirkens. Solange nicht der Geringste im Volke ihm ähnlich wurde in selbstloser, arbeitsfreudiger Pflichterfüllung, solange er allzugetrost Ruhe fand in dem Gedanken, dass einer für ihn wachte und sorgte, so lange war die Stätte nicht bereitet für den Staatsgedanken Friedrichs des Grossen. Denn nur wenn jedermann vollkommen sozial wirken wollte, wäre die soziale Frage gelöst. Die freie Mitarbeit Aller ist die beste Gewähr der Einigkeit aller Stände, der wirksamste Schutz gegen die allzustrenge Vormundschaft des Staates, und der allein ist würdig staatlicher Hilfe, der es gelernt hat, sie zu entbehren.

Friedrich Wilhelm der Zweite und das Ende des achtzehnten Jahrhunderts.

Wer kennt sie nicht, die alte traurige Erfahrung, die so manchen grossen Mann der Geschichte gerade in den Zeiten überquellender Lebensfülle und Schaffenskraft mit Grauen hat in die Zukunft blicken lassen! Nur allzuoft, wenn die Flut des Gewitterregens verrauscht ist, vermochte die quälend stechende Kraft der Sonne dem feuchten Erdreich nur den Nebeldunst zu entlocken, der emporquoll, um die freien Lichthöhen von neuem zu verfinstern. Als die grandiose Sonne des Genius Friedrichs des Grossen über den Hohenzollernstaat emporstieg, schien es, als ob die Wunder eines jungen, blühend heiteren Tages sich entfalten würden. Aber zu übermächtig, zu allerdrückend fiel der Strahlenbrand auf die von den Regenbächen vergangener Zeiten durchweichte Thalniederung, und unaufhaltsam, schier undurchdringlich ballten sich die schwülen Dünste der Tiefe dem herrlichen Lichte entgegen.

Friedrich Wilhelm der Zweite war nicht der Mann, diese Gefahren aufzuhalten. Ein Sturm des Jubels durchbrauste sein Land, als er die Regie und das Kaffeemonopol beseitigte. Ein Brief vom Jahre 1786 in Schlözers Staatsanzeiger rühmte ihm nach, „dass der gütige König die furchtbare Grösse seines Oheims wohl nie erreichen werde, aber in Güte des Charakters und Herzens und in ernstlicher Beglückung seiner Unterthanen ihn weit zurücklasse." Die traditionellen Charaktereigenschaften der Hohenzollern, der Gerechtigkeitssinn und die Ritterlichkeit, fehlten zwar auch diesem Könige nicht, aber, wie es bei dicken, gutmütigen Menschen nur allzuleicht zu geschehen pflegt: ihm mangelte die energische Chatkraft und die wachsame Selbständigkeit seiner Massnahmen. So hat er denn häufig sein Vertrauen einflussreichen Ratgebern geliehen, die seine besten Pläne lässig ausführten oder wohl gar in selbstischer Absicht durchkreuzten. Weder Friedrich Wilhelms des Ersten Blick für das Kleine noch Friedrichs Sinn für das Grosse offenbarte sich in den Regierungshandlungen des zweiten Friedrich Wilhelm, und so vollbrachte er ebensowenig eine Rüstungsarbeit für die Zukunft, wie eine planvolle Zusammenfassung der Spannkräfte der Gegenwart.

Immerhin wird die Geschichtsschreibung diesem Fürsten Gerechtig= keit widerfahren lassen, wenn sie ihn nicht vom politischen, sondern vom wirtschaftlichen und sozialen Standpunkt aus betrachtet. Und da wird sie Erfreuliches berichten können, falls sie die erste Epoche seiner Regierung bis zum Koalitionskrieg gegen Frankreich ins Auge fasst. Man möchte sie die Epoche der guten königlichen Absichten taufen, damit zugleich ihre Schwäche wie ihre Bedeutung bezeichnend.

Zunächst muss des Königs Sorge für die Landwirtschaft berührt werden. Zahlreiche Prämien — in dem Jahrzehnt von 1787 bis 1797 jährlich zwischen zweitausend und sechstausend Thaler — wurden aus= gesetzt, um die individuelle Betriebsamkeit und Leistungsfähigkeit zu steigern, und auch staatlicherseits wurde die Landesmelioration auf alle Weise ge= fördert. Da galt es den Oder= und Warthebruch gegen die Gefahren des Hochwassers zu schützen, Sumpfgegenden in Südpreussen trocken zu legen, auf verschlemmten Aeckern neue Kulturen zu eröffnen und durch den Ruppiner Kanal die Pläne seiner Vorgänger weiter auszuführen. Aber diese Meliorationsthätigkeit geriet seit dem Koalitionskrieg, als die Geld= mittel anderweitigen Abfluss fanden, ins Stocken. Die weitere Ausbildung des ländlichen Kreditwesens anderseits, wie sie durch Begründung der Landschaften von Ost= und Westpreussen erfreulichen Fortgang gewann, scheiterte wiederum daran, dass nicht alle Massregeln konsequent und einheitlich durchgeführt worden sind.

Nichts Geringes versprachen die Schulreformen des Königs. Der Handarbeitsunterricht, der in den Volksschulen eingeführt wurde, erwies sich als lebensfähig und zweckdienlich; nicht die Mädchen allein, auch die Knaben sollten hierdurch für spätere praktische Berufsarbeit vorbereitet und zu tüchtigen Landwirten und Gewerbtreibenden erzogen werden. Es blieb indessen fraglich, ob die Centralisation der Schulverwaltung und die Errichtung des Oberschulkollegiums für die Dauer die Absichten des hochbedeutenden Unterrichtsministers von Zedlitz verwirklichen konnten, und das hing zweifelsohne davon ab, ob dessen Mahnung immerdar befolgt wurde, „das Schulwesen nach den Umständen der Zeit zu verbessern." Denn wie schwierig es ist, bei der Heranbildung der aufwachsenden Jugend von seiten einer Behörde all die Kleinigkeiten zu beordern, die im Einzelfalle gut thun, das erfuhr gerade Friedrich Wilhelm der Zweite an seinem Oberschulkollegium. Gar viel hat hier ungetreuer Rat und bureaukratischer Uebereifer verschuldet, was schnurstracks den edlen Plänen des Königs zuwiderlief und das Wachstum der Pflanzung hemmte, die fröhlich hätte fortsprossen sollen.

Praktisch und hochbedeutsam erwiesen sich daneben des Königs Massregeln auf dem Gebiet der Landespferdezucht, und hier knüpfte er unmittelbar an Friedrich Wilhelm den Ersten an. Dieser hatte in Ostpreussen das Landesgestüt Trakehnen angelegt, der zweite Friedrich Wilhelm begründete die Landesgestüte von Marienwerder für Westpreussen und von Neustadt an der Dosse für die Mark. Der Plan des Königs ging dahin, seine Kavallerie möglichst durch preussische Pferde zu remontieren und somit das Heerwesen seines Staates unabhängig vom Ausland zu machen. Der Gedanke der allgemeinen Wehrpflicht, der vom Grossen Kurfürsten ausging und den Friedrich Wilhelm der Erste weiter verfolgte, hat in dieser Fürsorge für die Landespferdezucht eine neue sehr wesentliche Grundlage erhalten. Im Gegensatz zu Friedrich dem Grossen, der durch Werbungen im Ausland den Wehrpflichtsgedanken abgeschwächt und auch der Pferdezucht seines Landes keine Teilnahme geschenkt hat, bahnte sein Nachfolger weiter die Wege zur Erfüllung der weltgeschichtlichen Sendung seines Staates. Freilich, auch hier hat der Koalitionskrieg, wenn auch nicht die Tendenz, wohl aber deren energische Durchführung aufgehalten.

Ging Friedrich Wilhelm hier andere Wege als sein Oheim, so hat er auf einem anderen Gebiete dessen soziale Gedanken neu und eigenartig weitergesponnen. Bislang waren alle Einrichtungen zu Gunsten des Verkehrswesens in Preussen doch nur einseitig dem Wasserverkehr zu gute gekommen. Friedrich Wilhelm der Zweite wandte seine Fürsorge den Landstrassen zu. In Westfalen, im Magdeburgischen und Halberstädtischen hat er ebenso wie in der Mark unter Aufwendung beträchtlicher Geldmittel die grundlosen Wege beseitigt und neue verbesserte Kunststrassen angelegt. Als er im Jahre 1791 ausdrücklich als Zweck dieser Unternehmungen bezeichnete, „den armen Volksklassen, welche der Mittel zum Nahrungsgewerbe vorzüglich bedürfen, die Gelegenheit, ihr Brot zu verdienen, zu verschaffen" — da hatte er ganz im Geiste der Friderizianischen Sozialpolitik dem grossen Gedanken sich angeschlossen, der durch staatliche Mittel den Erwerbslosen Brot, Verdienst und Arbeit zu gewähren gebot. Erfüllt von solchen Idealen, dachte Friedrich Wilhelm der Zweite sogar daran, ganz Preussen mit einem Verkehrsnetz von Landstrassen zu überziehen — welch ein Bild eröffnet sich vor unseren Augen von all den grossen und guten Zügen dieser so wenig rücksichtslosen und thatkräftigen Königsnatur! Auch hier blieb der schöne Plan auf dem Papier. Dem Minister Wöllner, dem preussischen Calonne mit der Maske Neckers, gebührt das fragwürdige Verdienst, ihn unter dem Hinweis auf seine Kostspieligkeit gestürzt zu haben. Wenn schon für die Privatverwaltung, wie vielmehr gilt für die Finanzverwaltung des Staates das Goethewort: „Nichts schadet der Kasse mehr, als in wesentlichen Dingen sparen zu wollen." Die ganze bornierte Unsittlichkeit eines derartigen philisterhaften Finanzbekenntnisses, das allemal bei weitausschauenden Unternehmungen auf die geringe Tiefe des Geldsacks hinweist und den in der Sozialpolitik so unentbehrlichen spekulativen Wagemut verleugnet, ist zu allen Zeiten der schlimmste Feind einer Gemeinthätigkeit gewesen, die im Hinblick auf den gesegneten Zweck ihres Aufwandes dessen augenblicklichen Umfang übersieht. Das in seiner Gewissenhaftigkeit so gewissenlose Sparsystem hat je und je nur das eine Meisterstück vollbracht, dass die Sozialpolitik in stümperhafter Trägheit verknöcherte.

„Was Hände bauten, können Hände stürzen" — diese Wahrnehmung passt so ganz auf die Regierungszeit Friedrich Wilhelms des Zweiten, nur waren die stürzenden Hände wahrlich nicht die des gut wollenden Königs, sondern seiner Ratgeber, der Wöllner und Bischoffswerder. Sie brachten es dahin, dass das kurzsichtige Interesse des Egoismus sich wieder einnistete im Staate Friedrichs des Grossen, dass der unschätzbare Schatz zersplitterte, den der Einsiedler von Sanssouci gesammelt. Indessen: mitschuld an diesem Ausgang ist doch auch Friedrich Wilhelm. Er hat nicht die Pflicht erfüllt, die Goethe als die „Forderung des Tages" bezeichnet, er verstand es nicht, neue Kräfte zu entfesseln für eine neue Zeit, und, wo er den Versuch unternahm, da fand er nicht die Spannkraft, um ihn zu Ende zu führen. Wie der Glockengiesser Heinrich bei Gerhart Hauptmann war er nur „berufen", aber nicht „auserwählt", der Grösse seiner Aufgabe nicht stark und frei bewusst, ging er eben an dieser unendlichen Grösse zu Grunde. Die Kraft und Freudigkeit des Schaffens, die lachende Gesundheit des urwüchsigen Willens, die ungebändigte Gerechtigkeit gegen ihr Selbst, das sind die Voraussetzungen für die geschichtsbildende Kraft der Persönlichkeit. Und wenn der König sterbend sagte: „Ich habe meine Pflicht gethan" und das von sich als Menschen meinte, so mochte er Recht haben: als Hohenzoller und als Nachfolger Friedrich Wilhelms des Ersten und Friedrichs des Grossen, als König des ausgehenden achtzehnten Jahrhunderts hat er nicht alles gethan, was er zu thun schuldig war. Im Sozialleben der Völker zählt nicht die Absicht wie die That, und bei Königen gilt nicht das Wort: „in magnis voluisse sat est."

Friedrich Wilhelm der Zweite stand im Wendepunkt der Zeiten. Von jenseits des Rheines drangen mächtige, bislang nie gehörte Klänge herüber. Aus jammervollen wirtschaftlichen Zuständen heraus hatte sich dort jene allgemeine Missstimmung entwickelt, die ihren Niederschlag in der herrschenden Litteratur gefunden hat. Montesquieu und Rousseau, an diese zwei Namen krystallisierten sich alle Reformgedanken, alle die vielverzweigten unfertigen und unklaren Hoffnungen der masslos erregten Zeit. Der eine trat als Gegner des Feudalismus, der andere als Widersacher des

Despotismus auf, der doch gerade dem Feudalismus das Grab geschaufelt und seine privatrechtlichen Ausschreitungen bekämpft hatte. Wenn Napoleon der Erste aussprach, ohne Rousseau hätte es keine französische Revolution gegeben, und auch Auguste Comte der Ansicht war, dass Rousseau durch seine Kritik den Ausbruch der Revolution herbeigeführt habe, so lag in diesen übertriebenen Aeusserungen doch ein Körnlein Wahrheit verborgen. Denn indem der Schriftsteller, den noch in den sechziger Jahren des achtzehnten Jahrhunderts die öffentliche Meinung für verrückt erklärte, das Ideal seines nach den Grundsätzen der Vernunft aufgebauten Staates in Amerika erkannte, bereitete er dem idealen Einschlag der Revolution den Weg in sein Vaterland: den Menschenrechten, dem edlen Erzeugnis des englisch=amerikanischen Protestantismus. Wie ein Rausch der Begeisterung zuckte es auch durch Deutschlands liberale Welt hindurch, als Frankreich erkoren schien, eine Heimstatt der Gewissensfreiheit wie der sozialen Freiheit zu werden, auf dem europäischen Kontinent das durchzuführen, was der alte Penn in Philadelphia zuerst erstrebt und geweckt.

Allein anders wurde die Stimmung, als das Schreckensregiment der Guillotine über den Staat des Sonnenkönigs hereinbrach. Von den Greueln der Septembermorde, von dem entfesselten Dämon wilder irdischer Begehrlichkeit kehrten sich schaudernd die Deutschen mit ihrem Lieblingsdichter hinweg:

„Wo sich die Völker selbst befrein,
Da kann die Wohlfahrt nicht gedeihn!"

Bei der deutschen Art und bei der allgemeinen wirtschaftlichen Lage unseres Volkes war es nur allzunatürlich, dass mancherlei wirtschaftliche und soziale Wandlungen in Frankreich bei uns nicht ohne Folgen mit= empfunden wurden. Es sei nicht die Rede von der üppigen Blüte der Papiergeldwirtschaft, von den „Assignaten" und „Territorialmandaten", die in solchen Unmengen ausgegeben wurden, dass ihr Wert bald furchtbar sank, von Juli bis Dezember 1794 auf 22% des Nennwertes. Die eine Geschichte mag hier stehen, die Goethe von Grimm erzählte, der ein Paar Spitzenmanschetten mit 250000 Francs bezahlte und noch froh war, dass er seine Assignaten, die am nächsten Tage keinen Groschen mehr galten, so vorteilhaft angebracht hatte.

Wichtiger für Deutschland waren die umstürzenden Aenderungen der Augusttage des Jahres 1789, die mit einem Schlage das vollbrachten, was die zähe Reformarbeit eines Turgot vergeblich erstrebt hatte, die alle Steuerbefreiungen, Ungleichheit der Abgaben, alle Innungen aufhoben — aber zugleich mit der Beseitigung der Feudalrechte die deutschen Reichsstände, die in Burgund, Elsass und Lothringen begütert waren, aufs empfindsamste trafen. Weiter: welch eigentümlicher sozialer Anstoss auch für deutsche Verhältnisse, als die französische Revolution immer mehr Ernst machte mit ausgiebiger Unterstützung der Arbeitslosen, so dass im Jahre 1791 bereits 31 000 Arbeiter staatliche oder kommunale Verköstigung empfingen. Das französische Volk musste es ja am eigenen Leibe in physischer Verkümmerung erfahren, dass der Traum, als ob der Staat alle Beschäftigungslosen unterhalten könnte, ebenso unerfüllbar sei wie späterhin Napoleons des Ersten Machtgebot vom Jahre 1807: „Ich will, dass Frankreich mit Eintritt des Frühlings ohne Bettler sei." Wie wenige Schwärmer auf deutschem Boden, die sich an solchen utopischen Zukunftsbildern berauschten, wandten ihre Augen nach dem Hohenzollernstaat, der in den entsagungsreichen Erfahrungen der Jahrhunderte die Erkenntnis erarbeitet hatte: es ist nie Aufgabe des Staates, die Armut zu beseitigen, aber stets seine Pflicht, die Armut zu lindern. Doch wieviel sozialpolitische Reife, wieviel Selbstbescheidung starker Herzen gehörte dazu, um diese Wahrheit aus den Bestimmungen des preussischen Landrechts herauszulesen!

Wenn alle die Wandlungen und Wirren des revolutionären Frankreich bei uns in Deutschland nicht zu einer gewaltsamen Lösung führten, so lag der Grund weniger in derartigen Erwägungen, als in der ganzen Gestaltung der sozialen Verhältnisse selber. Deutschland besass einen Adel, der ja keineswegs ideal vollendet war, der aber doch nicht wie der französische in der völligen Rechtlosigkeit des Bauern die Folie eigenen Ansehens erblickte. Deutschland besass weiter den ländlichen Mittelstand, der in Frankreich fehlte, der zwar die Sehnsucht nach sozialer Freiheit in sich trug, aber deren Mangel doch nicht inmitten einer jämmerlichen Prügel= und Willkürherrschaft besonders lästig empfunden hätte. Und Deutschland besass vor allen Dingen ein Bürgertum, das himmelweit ver= schieden war von der französischen Bourgeoisie.

Alexis von Cocqueville hat als Hauptfehler der bürgerlichen Gesell= schaft seines Vaterlandes im achtzehnten Jahrhundert den Mangel an Gemeinsinn, die Entfremdung der einzelnen Standesgenossen bitter gerügt. Bei uns in Deutschland dagegen hielt der alte ehrenfeste Sinn des Bürger= tums gerade unveräusserlich fest an der stolzen Zucht seines Familien= lebens, dem sozialen Einigungsbande seines kraftvollen Daseins. Die beiden bürgerlichen Dichter von Weimar hatten eben zu jenen Zeiten in „Hermann und Dorothea" und im „Lied von der Glocke" das Familien= leben gefeiert als den ruhenden Pol in der Flucht des Lebens und ihrem Volke das Asyl häuslichen Glückes als die unerschöpfliche Nährquelle ge= priesen für jede nachhaltige Wirksamkeit in der Gemeinschaft. Da war doch blutwenig von der atomistischen Auffassung, die in den positiven Grund= lagen der Gesellschaft nur eine Summe von thörichten Beschränkungen erblickte und in ihrer Vereinzelung der Staatskunst höchstes Ziel erstrebte.

Immerhin — gerade mit seinen Gedanken und Zielen ging unser deutsches Bürgertum auf Wegen, die es weit abführten vom Pfade der Gewalt. Seitdem, gehegt und gepflegt von der merkantilistischen Fürsorge des Landesfürstentums, unser Bürgertum wieder auf der Höhe materiellen Wohlstandes angelangt war, wandte es gleich dem einst wirtschaftlich kräftigen Bürgertum Italiens seine Blicke höher in das Reich des Ewig= Schönen, zu dem fern geahnten Sonnenlande der Erhabenheit und der Menschenwürde. Aber so ungeheuren Wert dieses für das Schönheits= ideal der Hellenen begeisterte deutsche Bürgertum auch auf das Vaterland und das Familienleben legte, ungeteilt war es in seiner Abneigung gegen Staat und staatlichen Zwang, gegen das Bevormundungssystem, dem es doch gerade die Möglichkeit seines Aufstiegs zu der litterarischen und künstlerischen Höhe des achtzehnten Jahrhunderts verdankte. Nicht im

Anschluss an den Staat hat sich diese Glanzperiode entfaltet, wenn ihr auch der Fürstenhof Karl Augusts eine trauliche Heimstätte eröffnete, und nicht den Thaten Friedrichs des Grossen verdankte sie ihre Blüte, wenn sie ihnen auch viel Zufriedenheit mit der Gegenwart entnahm. Die neue schönheitsfrohe Stimmung der Zeit gefiel sich im Gegenteil gerade in dem Kraftbewusstsein des eigenen Wertes, und fast schien es, als wollte sie sich von dem Staat, der sie wirtschaftlich gross gemacht, künstlerisch befreien. Bezeichnender als alles bleibt es doch, dass der tiefsinnige Weltweise von Königsberg, dessen kategorischen Imperativ „thue, was du sollst, weil du es sollst" man wohl den theoretischen Niederschlag der Thaten Friedrichs des Grossen genannt hat, doch keineswegs einen Lobgesang auf den preussischen Staat anstimmt, sondern vielmehr in der Entfaltung eines kommenden vollendeteren Zukunftsstaates den eigentlichen Inhalt der Geschichte, die Versöhnung zwischen Freiheit und Notwendigkeit des Geschehens erkannte. Das deutsche Bürgertum des achtzehnten Jahrhunderts stand noch ganz und gar nicht in dem geläuterten Ideenkreise, in den erst im neunzehnten Jahrhundert der zweite Teil des Faust einlenkte, als er lehrte, dass nur in der Arbeit für die Gesamtheit der einzelne dauerndes Glück und endgültige Wirkensbefriedigung zu finden vermag.

Also liefen die zwei Richtungen des deutschen Soziallebens zusammenhangslos nebeneinander her. Dort das soziale Bevormundungssystem der Staatsgewalt der Hohenzollern, die Unterdrückung des Individualismus unter das starke Joch des Staates, hier die schroffste und kühnste Reaktion gegen Absolutismus und Staat, gegen jeglichen Zwang, sei es die seichte Hyperkritik des Rationalismus oder die patriarchalische Gängelbandspolitik der Monarchie des alten Stiles.

Jede dieser beiden Richtungen war gleich einseitig, nur auf der Zusammenfassung beider konnte das Heil der Zukunft in Deutschland beruhen. Aber nicht Friedrich Wilhelm dem Zweiten gebührt der Ruhm, diese einzig notwendige „Sammlungspolitik" inauguriert zu haben. Die französische Revolution und die Diktatur Europas, die ihrem Schosse entstieg, haben diese heilsame Entwickelung gezeitigt.

Es konnte indessen anders nicht sein: im Staate Friedrichs des Grossen, wenn auch nicht im alleinigen Lichte seines Sozialprogramms, musste sich die Vereinigung der beiden sozialen Richtungen vollziehen. Die gewaltige Reform, die wir an die Namen Friedrich Wilhelms des Dritten, Steins und Hardenbergs anzuknüpfen gewohnt sind, war es, die gleichsam alle die Keime, die in deutschen Landen umherschwirrten, auf Preussens geeignetem Boden zum Sprossen und Reifen gebracht hat. Nichts Geringeres stellt diese Reform dar als die Zusammenfassung der Sozialpolitik Friedrichs des Grossen und der Individualpolitik des deutschen Bürgertums, die Union von Staat und Individualismus. Es waren die zwei modernen Faktoren des deutschen Geschichtslebens, die sich hier die Hand zum Bunde reichten, beide vollständig frei von den Nachwirkungen des alten Regime mittelalterlicher Zeiten. Dort der Staat, erwachsen auf dem deutschen Koloniallande des Mittelalters, das, unberührt von dem Weltherrschafts=Machttraum des Kaisertums, deutsche Arbeit und deutsche Thatkraft, deutsches Schwert, deutscher Pflug und deutsches Kapital besiedelt hatten; hier das Bürgertum, in dessen Mitte die Wiege des modernen Staates gestanden hatte zur Zeit eines schrankenlosen Feudalismus, Partikularismus und Anarchismus.

Freilich, ehe diese Versöhnung vollständig gelang, ging noch fast ein Jahrhundert schicksalsschwerer Entwickelung dahin, und immer wieder galt es hüben wie drüben zu beherzigen, dass der Staat nur die Erziehung zu leiten, keine allzeitige Vormundschaft auszuüben hat, dass es sein höchstes Ziel sein muss, freiwollende Menschenkinder heranzubilden. Denn in der Unendlichkeit selbsteinigen Schaffens ruht doch alles Glück des Menschengeschlechtes und die Bürgschaft einer unaufhörlichen Dauer alles Lebendigen. Nur der Bund von Staat und Persönlichkeit wird erhalten von Geschlecht zu Geschlecht: Begeisterung für das Grosse und Verständnis für die schlichte Stärke des Kleinen, den reinigenden Frohmut edlen Lebensgenusses und das selbstlose Heldentum der Arbeit!

Die grosse Sozialreform unter Friedrich Wilhelm dem Dritten.

Mit dem ganzen stolzen Egoismus seligkeitstrunkener Schwärmerei huldigte der dritte Stand im revolutionären Frankreich dem Glauben, seine Sache sei die der gesamten Kulturmenschheit. Und er hatte damit nicht so unrecht. Metternichs sophistischer Vertrauter, der nüchterne Skeptiker Gentz, meinte dasselbe, wenn er behauptete, die Bewegung von 1789 sei universell nach Beweggründen, Zwecken und Zielen. Vergleicht man sie beispielsweise mit der czechischen Revolution des fünfzehnten Jahrhunderts, so sieht man, wie viel mehr als in dieser jetzt allgemeine Uebelstände eines über die ganze Zeitepoche verbreiteten Regierungssystems gerügt und gestürzt wurden. Betrachtet man aber erst die grundverschiedene Wirkung beider in ihren Einflüssen auf Europa: das Hussitentum hat vielleicht auf die tragende Kraft im deutschen Bauernkrieg, auf die Ideengänge der aufständischen Bauern einigen Einfluss gewonnen, doch auch diese religiösen und sozialen Gleichheitsideen sind nicht original=hussitisch, sondern mittelalterlich=kirchlich und wiklifitisch. Die deutsche Reformation oder gar die europäische Gesamtlage hat nach ihrem sozialen Gehalt gar nichts von der czechischen Revolution empfangen. Diese bewirkte im letzten Grunde lediglich eine Trennung der Böhmen in die Abendmahlsparteien sub una und sub utraque — sie blieb national in ihrer Entstehung und in dem, was sie erreichte.

Wie so ganz anders die französische Revolution! Als sie die Fahne der ewigen Menschenrechte entrollte, warf sie sich zum Verteidiger der in

Amerika proklamierten protestantischen Forderungen auf und verpflanzte auf den Kontinent eine Geistesmacht, die einst im Völkerfrühling der deutschen Reformation erblüht, dann nach dem neuen Erdteil verpflanzt und also nicht inmitten der nationalen und sozialen Schranken des alternden Europa weitergebildet und grossgezüchtet worden war. Während aber diese Kulturkräfte in Deutschland und England wesentlich eine Bereicherung der Theorie brachten, hier Kants weltbürgerliche Friedensideale, dort Adam Smiths Wertschätzung individueller Arbeit, hat allein Frankreich der neuen sozialen Weltanschauung Form und Gestalt gegeben und aus den Menschenrechten die politische und soziale Gleichberechtigung aller Staatsbürger herausgebildet. Der Staat Friedrichs des Grossen absorbierte das Individuum mittels des Staates, das deutsche Weltbürgertum lehrte: Jeder für sich, die französische Revolution predigte: Einer gleich dem anderen, und bahnte somit den Weg für die Verbindung: nur dann ist jeder wahrhaft für sich, wenn er ebenso wie der andere für den Staat arbeitet und lebt. Bei Anwendung Hegelscher Begriffe könnte man sagen: Friedrichs Staat gab die These, das deutsche Bürgertum die Antithese, die Revolution die Synthese.

Allerdings, dass die französische Prägung Gemeingut der Welt wurde und vorab in Deutschland ihr grosses Werk vollbrachte, das ist das Verdienst des Kraftriesen, der aus der Selbstvernichtung der Revolution emporstieg, auch er universell in seinem Walten und Wirken.

Bei seinem Kampfe mit Preussen hatte Napoleon keine geringere Absicht, als dieses zum Anschluss an sein Kontinentalsystem zu bringen. Alle Staaten Europas zu sammeln gegen das alllähmende Wirtschaftsmonopol des britischen Inselstaates, das war das Ziel, dem der grosse Soldatenkaiser zusteuerte. Nichts anderes bedeutet der Friede von Tilsit, als Preussens Angliederung an dieses System.

Aber einmal war Preussen industriell noch nicht genug fortgeschritten, um diesem Titanengedanken ungestraft Heeresfolge leisten zu können. Zudem plante Frankreichs Kaiser doch in erster Linie, die französische Industrie an Stelle der englischen, an die Stelle des englischen wieder das alte französische Wirtschaftsmonopol des siebzehnten Jahrhunderts zu setzen. Schloss sich Preussen für immer dem Kontinentalsystem an, so begab es sich bei seiner noch geringen industriellen Leistungsfähigkeit wieder in jene wirtschaftliche Abhängigkeit von Frankreich, gegen die vor einem Jahrhundert der Grosse Kurfürst sein Potsdamer Edikt erlassen hatte. Dazu war denn doch preussisches Geld zu gut, um als Gründungskapital für die abenteuerliche Anlage von Kaffee- und Zuckerplantagen nach Frankreich zu wandern. Ueber alledem: Napoleon verkannte, dass in seinem System ein wesentlicher Faktor fehlte: nur die wirtschaftliche Kräftigung der mit ihm verbündeten Staaten konnte sie zu wirklich leistungsfähigen Bundesgenossen im Kampfe gegen Englands Wirtschaftsübermacht heranbilden. Er aber drückte und unterdrückte — ein ähnliches Verfahren gegen Europa, wie es Friedrich der Grosse seinen eigenen Unterthanen gegenüber beobachtet hatte. Und also geschah's, dass er das Preussen, das nach dem Wort der Königin Luise „auf den Lorbeern Friedrichs des Grossen eingeschlafen war", mit derber Hand aus behaglichem Schlummer aufrüttelte.

Das kosmopolitische Ideal zerging in alle Winde, als der grösste Sohn der Revolution ihre Lehren in die Praxis umsetzte, als die Nationen Europas erkannten, dass der Grundsatz „einer gleich dem andern" niemals allen Völkern gleichermassen gelten könne, und Preussens Staatsmänner erfuhren es anderseits in diesen leidensvollen Zeiten,- wie wenig die Allmacht eines Systems Ersatz bieten kann für den Verlust freier, individueller Lebensäusserung. Es gab schlechterdings keine andere Schlussfolgerung: so wenig der Hohenzollernstaat das vollbringen konnte, was ihm zukam, solange er im Systeme Napoleons nur eine Zahl neben anderen war, so wenig war Verlass auf ein Volk, in dem der einzelne nicht gewürdigt wurde, das zu leisten, was seinen Fähigkeiten und seinem Willen entsprach. Nur dann ist der Leib gesund, wenn alle Glieder und jedes an seinem Teile gesund ist, nur dann ist der Staatsorganismus heil und kräftig, wenn er von einem blühenden Verein bewusster Einzelorgane getragen wird. Als Napoleon überwunden ward, da ist nicht, wie Nietzsche wähnte, der Herrenmensch von den Vielzuvielen erwürgt und alles Grosse zu trostlosem Einerlei verwandelt worden. Ganz im Gegenteil: als der Hohenzollernstaat auszog, den Gewaltigen zu fällen, da erhob er über die „Sklavenmoral" den souveränen Willen des Einzelnen im Volke, da erleichterte er gerade der Menschheit die Arbeit, „einzelne grosse Menschen zu erzeugen". Napoleon der Erste hat die französische Revolution besiegt, der Staat Friedrichs des Grossen verhalf der Revolution zum Siege über ihren Besieger. Das mochte auch Napoleon selber dunkel fühlen, als er bei seinem Abzug nach Elba die Worte sprach: „Nicht die Koalition hat mich vom Throne gestürzt, die liberalen Ideen sind es gewesen."

Wieder wie in den Notzeiten unter dem Grossen Kurfürsten und im Anfange Friedrich Wilhelms des Ersten lernte Friedrich Wilhelm der Dritte das Bekenntnis zu dem alten Grundsatz der Hohenzollern: nur ein neues Geschlecht vermag neue Grossthaten zu gewinnen. So strömte denn die gewaltige Ideenfülle unseres Vaterlandes im achtzehnten Jahrhundert hinein in den Staat, dessen Pforten Friedrich der Grosse so ängstlich verschlossen gehalten. Sachsen und Hannover, Mecklenburg und Nassau, Nord- und Süddeutschland hatten die Männer geboren, die jetzt thätig hervortraten. Stein und Hardenberg vor allen wurden die Neuordner des preussischen Soziallebens, und diese wiederum waren gross geworden an den Lehren, die auf dem britischen Inselreiche der klare schottische Denker Adam Smith aus dem Kanon der Menschenrechte gezogen hatte.

Merkwürdig, wie dieser Volkswirt, der Begründer der klassischen Schule der Nationalökonomie, ausgehend von dem Individuum, den Arbeitslohn, den Kapitalgewinn und die Grundrente als die drei Grundbestandteile aller Preise bezeichnete und diesen entsprechend drei soziale Grundgruppen unterschied: Grundeigentümer, Unternehmer und Arbeiter. Merkwürdiger, dass ihm nur die ersten und letzteren in ihren Interessen unmittelbar mit dem Staat verbunden erschienen, während seiner Meinung nach die Unternehmer gerade in armen Ländern hohen Kapitalgewinn erzielen und deshalb keinen Wert auf den Wohlstand des Staates zu legen brauchen. Es ist klar: eben in dieser Behauptung offenbarte sich einmal eine fälschliche

Anwendung von Grundsätzen der Privatwirtschaft auf die Volkswirtschaft, dann aber vor allem der wirtschaftliche Kosmopolitismus des englischen Volkes. Es war selbstverständlich für Deutschland notwendig, diesen Fehler eines national=englischen Kosmopolitismus in der Praxis zu überwinden — wer aber war dazu geeigneter als die Staatsmänner, die, in Adam Smiths Schule erwachsen, sich anschickten, dem deutsch=nationalen Hohenzollernstaat ihre Dienste zu widmen.

Dass dieser Staat wie einst den Hugenotten und Salzburgern jetzt in freiem selbsteigenen Entschluss den Ideen des deutschen Bürgertums und des schottischen Nationalökonomen eine Heimstatt eröffnete, ist ein herrlicher Beweis für seine Grösse und Zukunftsbedeutung. Die all= vermögenden Beherrscher der anderen siebzehnhundert Reichsgebiete, die noch im Anfang unseres Jahrhunderts der guten Hoffnung lebten, mit dem morschen Reichsrecht des Mittelalters eine moderne Entwickelung zu zeitigen, waren freilich zu einem solchen entsagungsreichen Heroismus weder fähig noch geneigt. Ihnen geziemte in der hochmütigen Beschränktheit ihrer Mittelmässigkeit in der That nur die „Tugend der Décadence": die Unter= werfung unter den souveränen Machtwillen des weltgewaltigen Protektors des Rheinbundes und die widerspruchslose Verwirklichung der Ideen, die er gedacht.

Das erste, was nach dem Zusammenbruch in Preussen gethan werden musste, war die notdürftigste Aufrichtung von Landwirtschaft und Gewerbe, Staatshaushalt und Staatskredit, aber auch die Bezahlung der Kriegs= entschädigung und damit die Befreiung des Landes von der Einquartierung fremder Truppen. Der Freiherr von und zum Stein hatte kaum nötig, Friedrich Wilhelm den Dritten, der so „einfach, bieder und schlicht" war, zur peinlichsten Sparsamkeit zu ermahnen. Den Weg, den Friedrichs des Grossen goldener Tafelaufsatz in die Münze wanderte, musste auch manches liebgewordene Wertstück des einfachen Mannes gehen, ehe die Kriegs= entschädigung entrichtet, ehe wieder das Saatgetreide für die Aecker, das Vieh zur Bestellung des Feldes vorhanden war. „Mit Rührung", so hob ein königlicher Erlass damals hervor, „haben wir die Beweise von

Anhänglichkeit aller Klassen unserer getreuen Unterthanen an unsere Person bemerkt, insonderheit auch die Hilfe erkannt, welche uns bei der Sicher= stellung der Kontribution an Frankreich und bei der Aufbringung der einstweilen nötigen Fonds von unseren getreuen Ständen mit grösster Bereitwilligkeit geleistet worden ist." Die alten Mittel eines guten Haus= haltes, die früher schon der Grosse Kurfürst und Friedrich Wilhelm der Erste angewandt hatten, bewährten auch in diesen Zeiten tiefster Erniedrigung und Erschöpfung ihre allzeit heilende Kraft.

Allein weiter und höher spannten Stein und Hardenberg den Flug ihrer Gedanken. Nach der Schlacht bei Jena hatte Stein in einem Briefe geäussert: „Vor allem muss der Unterschied der Stände beseitigt werden, der uns alle so unglücklich gemacht hat. Kein Unterschied zwischen Adel und Bürgertum!" Wer erkennt nicht in diesen Worten den Grundsatz des modernen Staates, den die deutsche Reformation verkündet und dem die Hohenzollern seit Generationen ihre beste Kraft gewidmet hatten, der jetzt wiederum als leuchtendes Gestirn in der Nacht des Leidens empor= stieg: Ausgleich aller Standesunterschiede, Neubegründung der sozialen Einheit im Volke! Das ganze in Staatsgedanken geeinigte, durch keine sozialen Schlagbäume getrennte preussische Volk, das war das Aufgebot, das man dem französischen Cäsar entgegenstellte und mit dessen Hilfe eine neue Zukunft, die Freiheit, Kräftigung und Einheit der deutschen Nation erkämpft werden sollte.

Ein Unrecht galt es vor allem zu beseitigen, das seit dem Dreissig= jährigen Kriege seiner Sühne harrte: die soziale Notlage des bäuerlichen Standes. Zwar hatten Friedrich Wilhelm der Erste und Friedrich der Grosse bereits die Hörigkeit der Domänenbauern aufgehoben, aber sonst allenthalben schmachtete der Bauer noch in der Erbunterthänigkeit gegen seinen Gutsherrn, als Nutzniesser des diesem gehörigen Landes that er seine Arbeit, ihm entrichtete er Geld oder die Früchte des Feldes als Erb= zins, seiner Genehmigung bedurfte er, wenn er umziehen oder heiraten wollte.

Nie hätte Friedrich Wilhelm der Dritte seiner ganzen Natur nach dem gewaltigen Plane seine königliche Zustimmung erteilt, wenn er nicht von deutschen Protestanten ursprünglich gedacht worden und in den Annalen deutscher Monarchien oder in seiner eigenen ohne Vorbild gewesen wäre. Die dreizehn Krefelder Leineweber, die im Jahre 1683 in Philadelphia gelandet sind, haben nach Hases Worten „die Wiege der Freiheit für die Neger und für die Welt" gebaut, und der Herr von Rantzau, der fünf Jahre später seinen holsteinischen Bauern die Freiheit schenkte, sprach das gut protestantische Bekenntnis, „dass die Leibeigenschaft in der Heiligen Schrift gar nicht gegründet, es auch Gottes Gebot, der Natur und der gesunden Vernunft allerdings zuwider, dass die Christen mehrer Gewalt über ihre Nebenchristen sich gebrauchen, als bei denen Juden im Alten Testament nicht mal erlaubt gewesen". Ueber alledem war Friedrich Wilhelm der Dritte ein Schüler von Karl Gottlieb Svarez, dem eigentlichen Schöpfer des preussischen Landrechts, und auf seinen Einfluss geht das Wort zurück, das er am 23. August 1807 aufzeichnete: „Die Aufhebung der Erbunterthänigkeit ist seit meinem Regierungsantritt das Ziel gewesen, wonach ich unverrückt gestrebt habe." Allerdings, wenn der König fortfuhr, dass er allmählich gewollt habe und dass nur das Unglück des Landes einen schnellen Schritt gerechtfertigt erscheinen lasse, so lag hierin die zweifellose Anerkennung der willensfesten, zielsicheren Wirksamkeit Steins.

Nicht nur für Ost- und Westpreussen, wie der König beabsichtigte, sondern für ganz Preussen, wie Stein befürwortete, wurde das menschenfreundliche Emanzipationswerk vollbracht. Am 9. Oktober 1807 hat König Friedrich Wilhelm der Dritte in seinem berühmten Memeler Edikt die bäuerliche Erbunterthänigkeit in seinem Staate aufgehoben. Mit einem Schlage sind 47000 Bauernhöfe frei geworden, der Hohenzollernstaat selber war es, der seinen landwirtschaftlichen Unterthanen eine neue bessere Zeit heraufführte, ihnen das vollfreie Eigentum des Bodens und Betriebes und damit eine neue begeisterte Freude am Dasein und an der Arbeit gewährleistete. Jetzt erst, wenn der einzelne Landwirt frei schaffen konnte für sich und die Seinen, zeigte er die Rührigkeit und die thätige Spannkraft, die allein das Land zwingen konnte, dem Bebauer alles zu geben, was es zu geben vermochte, die dem Staate nicht nur einen steigenden

agrarischen Wohlstand, sondern auch eine selbstzufriedene, in Vaterlands=
liebe geläuterte agrarische Bevölkerung schenkte. Das Edikt vom Jahre
1807 war der erste nachhaltige Versuch eines deutschen Staates, die Folgen
des Bruderkrieges des siebzehnten Jahrhunderts, die vordem durch den
Merkantilismus für das kaufmännische und gewerbliche Leben überwunden
worden waren, nunmehr auf dem Gebiete der Landwirtschaft zu beseitigen
und ihrer verderblichen sozialen Einwirkung die gehörigen Schranken zu
setzen. Durch das Memeler Edikt sind die beiden Grundlagen des mo=
dernen landwirtschaftlichen Betriebes in Preussen gelegt worden: persön=
liche Freiheit und freies Eigentum.

Es ist begreiflich genug, dass der adelige Grundbesitzerstand durch
diese unmittelbar nach dem Unglücksjahr eingeführte Neuerung doppelt
schwer getroffen worden ist, während der Bauernstand, der sonst mit gleich=
gültigem Misstrauen Reformen begrüsst, diesmal sich voll wohlbegründeter
Begeisterung den neuen Verhältnissen anbequemte. Die selbstverständlichen
Schwierigkeiten, die jeder plötzliche Uebergang vom Feudalismus zur
modernen Arbeitsverfassung in der Landwirtschaft bedeutet, hat ein National=
ökonom der Gegenwart dahin zusammengefasst: „Es fehlt an Arbeitern,
wenn man den Eigenbetrieb fortsetzen will, es fehlt an Pächtern, wenn
man ihn aufgeben will." Und weiter. Seit der Aufhebung der Leibeigen=
schaft bildete sich im Osten der Monarchie eine neue eigenartige Arbeits=
verfassung, eine neue soziale Schicht: der freie ländliche Arbeiterstand,
dessen Beruf die Landarbeit im Lohne eines Anderen ist und der somit
an die Stelle des alten Dienstverhältnisses das moderne Vertragsverhältnis
gesetzt hat. Und welche Schwierigkeiten sollten noch dem preussischen
Staat in unserem Jahrhundert erwachsen dieser neuen Klassenbildung
gegenüber, der er weder durch die Gemeinheitsteilung kommender Jahre
noch durch den Hundertmillionenfonds vom Jahre 1886 oder durch die
Rentengutsgesetzgebung der neunziger Jahre völlig Herr zu werden
vermochte.

Aber wenn auch der preussischen Sozialgeschichte diese im Augenblick
herben Erfahrungen nicht erspart blieben, was besagten sie gegen die reichen

und herrlichen Ergebnisse, die für die Dauer gewonnen worden sind, und die niemand richtiger und erschöpfender beleuchtet hat als der Fürst Bismarck. In der Reichstagssitzung vom 12. Juni 1882 sagte Deutschlands erster Kanzler: „Wir werden den Bedürfnissen auf dem Gebiet des Sozialismus reformierend entgegenkommen müssen, wenn wir dieselbe Weisheit walten lassen, die in Preussen die Stein= und Hardenbergsche Gesetzgebung be= züglich der Emanzipation der Bauern beobachtet hat. Auch das war Sozialismus, dem einen das Gute zu nehmen, dem anderen zu geben, ein sehr viel stärkerer Sozialismus als ein Monopol. Ich freue mich, dass es so gekommen ist, dass man diesen Sozialismus geübt hat; wir haben dadurch einen sehr wohlhabenden freien Bauernstand erhalten."

So war es denn in der That keine Uebertreibung, wenn der geist= volle Oberpräsident Schön das Edikt von Memel „die Habeas corpus=Akte Preussens" nannte in Erinnerung an das weittragende englische Staats= grundgesetz vom Jahre 1679, das die verfassungsmässige Sicherheit und Freiheit der Nation für alle Zukunft unzweideutig festlegte. Freie könig= liche Reformthätigkeit vollbrachte zu Anfang des Jahrhunderts im Hohen= zollernstaate ein Werk, an das erst unter dem Druck der Julirevolution andere deutsche Staaten, wie Hannover, Kurhessen und Sachsen herantraten. Noch später, erst unter dem Einfluss der Februarrevolution, folgte der Staat, der zur Zeit der preussischen Bauernbefreiung die von der Patina der Jahrhunderte überzogene Kaiserkrone des alten Reiches im Schreine der Wiener Hofburg geborgen hat.

Früh verbürgt und wundervoll hinausgeführt, erwuchs aus der Bauern= befreiung dem Hohenzollernstaat ein hundertfältiger Gewinn, der Keimstock jenes unverwüstlichen, echten altgermanischen Bauernsinns, der, Wurzel schlagend in einem neuen unverbrauchten Geschlecht, mit dem Staats= gedanken zugleich sich emporrecken sollte zum hochwipfeligen, weithin schattenden Baume.

In der rastlosen fruchtbaren Wechselwirkung zwischen Einzelarbeit und Gesamtarbeit ward also durch Friedrich Wilhelm den Dritten, Stein und Hardenberg dem preussischen Volke ein Wunderschatz geschenkt, sicherer, unveräusserlicher, zukunftsreicher als der Staatsschatz Friedrichs des Grossen. Und dennoch, das Werk ausgleichender Sozialpolitik, das Stein nach der Schlacht von Jena gefordert hatte, wäre ein Torso geblieben, wenn die königliche Fürsorge nicht auch innerhalb des städtischen Lebens neue Kräfte entbunden hätte.

Am 19. November des Jahres 1808 wurde die preussische Städteordnung erlassen, fast ausschliesslich Steins geniales Eigentum. Die Bürger wählen fortan ihre Stadtverordneten, und aus deren Wahl geht wieder der Magistrat hervor. In überwachender Sachverständigkeit stehen die Stadtverordneten neben dem Magistrat, über den Städten die Landschaften, und auch deren Verwaltung ist Selbstverwaltung, gegründet auf das ständische Prinzip. Der städtische Haushalt, das städtische Schul= und Armenwesen wurden städtischer Verwaltung unterstellt, die Stadt erhielt mit einem Wort das Recht, die Angelegenheiten des Gemeindewesens selber zu ordnen in freier Vereinbarung mit der staatlichen Behörde. Ein Werk weiser Ueberlegung und staatsmännischer Umsicht war hiermit zum Abschluss gelangt. Gewissermassen sind zwei nebeneinander verlaufende geschichtliche Prozesse also ausgeglichen und versöhnt worden: das Bestreben des Landesfürstentums, die Städte seiner Botmässigkeit zu unterwerfen, und die Selbständigkeitsunternehmungen der Städte, eine Neubelebung alter Erinnerungen reichsunmittelbarer Autonomie. Die preussische Städteordnung knüpfte gleichsam das Band zwischen den beiden scheinbar unversöhnlichen Gegnern, dem aus dem Feudalismus erstandenen fürstlichen Absolutismus und dem Bürgertum, und vereinte neu Mittelalter und Neuzeit, freie Persönlichkeit und staatlichen Zwang. Damit aber waren denn auch die beiden Gegensätze, die das achtzehnte Jahrhundert bewegten, für immer aus dem deutschen Sozialleben beseitigt.

Mit seiner Städteordnung enthüllte der Staat der Hohenzollern klipp und klar die so einfache und leicht fassliche Wahrheit, dass allzuausgeprägte kommunale Unabhängigkeit für das Staatsleben ebenso gefährlich ist wie die unbarmherzige Vormundschaft des Polizeistaates. Denn während die eine häufig lokalem Kasten= und Cliquengeist das Be=

stimmungsrecht in den heiligsten Lebensfragen des Staates zugewendet hat, verbreitete die andere das langsame Siechtum durchschnittlicher Mittelmässigkeit über die stolze und behagliche Selbstthätigkeit einer blühenden Gesundheit. Jetzt erst, als wiederum die Bürger zur Teilnahme an der Gemeindeverwaltung herangezogen wurden, erwachte aufs neue der selbstbewusste Sinn, der allemal in dem lebendig wird, der zum Herrn seines Schicksals sich berufen sieht und der in freier selbstherrlicher Bethätigung das wunderbare Glück der Selbstverantwortung empfindet. Und wie es oft zu geschehen pflegt, dass derjenige, der einen anderen freigiebt, ihn sich desto enger verpflichtet, so hat der preussische Staat, als er seinen Städten die Selbstverwaltung gab, das Bürgertum innig verknüpft mit den Interessen des Staates, der nichts sein wollte als die organisierte Freiheit des Volkes. Die Bahn einer endlosen Entwickelung war geöffnet, der Hohenzollernstaat schuf sich durch Steins Städteordnung ein für das Gemeindewohl ebenso wie für das Staatswohl empfängliches und thätiges Bürgertum, unzerreissbar schlang er das organische Gewebe der Gesellschaft und proklamierte aufs neue die alte nationalökonomische Grundwahrheit, dass durch Vereinigung der Kräfte deren Produktivität gesteigert wird. So hatte denn unzweifelhaft Bismarck recht, dass in der französischen Kommune von 1871 ein gesunder Kern verborgen gewesen sei: „das Bedürfnis nach der preussischen Städteordnung". Dem Volke der Reklame, des Schlendrians und der Frivolität hätte etwas not gethan von dem Pflichtgefühl und dem Rechtsbewusstsein, von all den Lebenskräften, die in einem halben Jahrhundert neu begründeter Bürgerlichkeit unserem Volke ein bleibender Segen geworden sind.

Ohne Rücksicht auf konstruktionslüsterne Schablone, allein die Augen auf die Zweckmässigkeit und die Möglichkeit des Erreichbaren gerichtet, haben Stein und Hardenberg auch die höchste Staatsverwaltung und die Zentralverwaltung überhaupt umgewandelt. Die Befugnisse der Kabinettsräte, die zwischen König und Ministerium bisher die Vermittelung gebildet und oft die Massnahmen der Minister unheilvoll durchkreuzt hatten, wurden bedeutend beschnitten, so dass ein unmittelbarer amtlicher Verkehr des Königs mit den Ratgebern der Krone erzielt werden konnte. Damals wurde der Eckstein für Preussens innere Verwaltung gelegt, indem ein Kabinett von fünf Staatsministern an die Spitze gestellt und die bisherigen Kriegs= und Domänenkammern zu „Regierungen" umgestaltet wurden. Während aber das Kollegialsystem in den Ministerien beseitigt worden ist, blieb es in der Provinzialverwaltung bestehen. Welch ein erfreulicher und lebenskräftiger Gegensatz gegen das französische Departementalsystem: hier im Wettstreit der Einzelprovinzen die Herstellung einer einheitlichen Verwaltungszentralisation, in Preussen aber nichts von der maschinistischen und nivellierenden Zwangsjackenorganisation der Verwaltung, sondern wie bei der Neuordnung städtischen Lebens nur praktische Rücksicht auf die individuelle Gestaltung der modernen Gesellschaft.

Wie ein Gefühl der Erlösung ging es durch Staat und Gemeinde, als das Königtum Friedrich Wilhelms des Dritten, anstatt dem Phantom einer Gesamtwirtschaft und staatlichen Kosmopolis nachzujagen, seinem Volke verhiess, auf dem gefestigten Boden des Gemeinlebens die Frei= heit und Freude des individuellen Daseins zu entwickeln, unter sach= gemässer Bewahrung der Arbeitsteilung die Arbeitskraft der Gesamtheit zu sichern und zu stärken. Als der König in den Augusttagen des denkwürdigen Sozialjahres 1807 davor warnte, Redensarten wie von „Freiheit" und „Knechtschaft" zu gebrauchen, und aufforderte, „die Sache selbst ihrem Wesen nach auszudrücken", da zerriss er mit seiner arbeitsamen Hohenzollernhand das ganze unheilvolle Trug= und Traum= gespinst von den „ewigen Menschheitsrechten". Und getreu seiner Mahnung kamen seine, genialen Ratgeber dem Bedürfnis des Tages Schritt für Schritt entgegen und erhoben die Erfahrung zur sozialen Lehrmeisterin seines Staates. In den Sturmzeiten der Erniedrigung waren die Mächte versiecht, die einen Friedrich den Grossen im Siegesflug über seine Schlachtfelder getragen; es galt, die noch schlummernden Volkskräfte zu entfesseln und für neue bessere Zeiten zu rüsten. Aber nicht im Sumpf der durch die Guillotine getrübten Humanität suchte und fand man die Quelladern kommenden Lebens, sondern dort allein, in dem unentweihten Jungbrunnen der deutschen Reformation. Ihre Ideen, die auch im amerikanischen Protestantismus emporgestiegen waren und das bessere Selbst der französischen Volksbewegung allezeit bildeten, strömten jetzt mit ursprünglicher Segenskraft befruchtend dahin über das verwüstete Erdreich des preussischen Staates. Und alsbald drängte ein Keim den andern, Blätter und Blumen sprossten zu üppigem Wachstum, es lebte und webte nah und weit, bis es Frühling ward rings umher und die Sonne ihren Goldschimmer breitete über die heranreifende Geschichte eines neuen Jahrhunderts.

Unaufhaltsam folgten die Reformen einander, auch nach Steins Entlassung wirkte Hardenberg, wenn auch nicht immer im Sinne des Reichsfreiherrn. Am 2. November des Jahres 1810 wurde die Gewerbefreiheit eingeführt, der sich eine äusserst menschenfreundliche Gesindeordnung anschloss. Es war eine unabweisbare Forderung der Zeit, die ein Preussen hätte erfüllen müssen, auch wenn die westfälische Regierung nicht mit ihren liberalen Grundsätzen dem ganzen freidenkenden Deutschland überreiche Zugeständnisse gemacht hätte. Der Hohenzollernstaat war sich bewusst, dass die ausserordentliche Entwickelung der Volks- wie der Weltwirtschaft keine der spätmittelalterlichen Fesseln mehr vertrug, als er zuerst von allen Staaten Deutschlands die Gewerbefreiheit verwirklichte. Aber keiner der Staatsmänner hat je dem Wahnglauben gehuldigt, als ob der Zustand der Arbeiter überhaupt sich bessern liesse, als ob fortan die Unternehmungen des gemeinen Mannes durch die Grenze seiner Kräfte oder die Unmöglichkeit ihrer Verwirklichung beschränkt werden könnten.

Als dann weiter die Septemberedikte des folgenden Jahres gar jedem Bauer den Erwerb adliger Güter, jedem Edelmann den bürgerlichen Gewerbebetrieb eröffneten und jedem Grundbesitzer die freie Veräusserung seines Grund und Bodens verstatteten, da konnte Stein seinen Tadel nicht mehr zurückhalten. „Die Gewerbefreiheit", so brach er unmutig aus, „verwandelt die Stadtbewohner in Lumpengesindel, und die Mobilisierung des Grund und Bodens löst ihn in Staub auf." Sah der Mann der

Städteordnung und der Bauernbefreiung denn nicht, dass beide Bestimmungen nur die Konsequenz seines Vorgehens zogen? Bedachte der durch Justus Mösers Erzählungen von der altgermanischen Bauernfreiheit Begeisterte nicht, dass schon einmal in der deutschen Vergangenheit Karls des Grossen Sozialreform eine Mobilisierung des Grundeigentums durchgesetzt hatte, die keineswegs den Boden in Staub aufgelöst, sondern vielmehr die Voraussetzung für die Bildung der Grossgrundherrschaften abgegeben hatte, und die erst in den wirren Zeiten des ausgehenden Mittelalters dahingeschwunden war? Steins Haltung war ein neuer Beweis für die geschichtliche Wahrnehmung, dass jede bedeutende historische Persönlichkeit zugleich konservativ und liberal ist, in dem Bestreben, ihr Werk zu erhalten, stets an einer bestimmten Stelle Halt macht und allen weiteren Neuerungen ein gebieterisches „Bis hierher und nicht weiter" entgegenruft. So hatte früher Luther durch sein Wort von der Freiheit eines Christenmenschen nachhaltigen Einfluss auf die bäuerliche Erhebung gewonnen und nachher, als Münzers utopistischer Fanatismus den Umsturz von Staat und Kirche, Familie und Eigentum plante, wider „die mörderischen und räuberischen Rotten der Bauern" in leidenschaftlicher Heftigkeit gewettert. So hat später Bismarck den Arbeitern das allgemeine Wahlrecht verliehen und dann, als im Jahre 1878 die fluchwürdigen Mordversuche das Haupt seines Kaisers bedrohten, unbedenklich zum Sozialistengesetz gegriffen. Die Klage Steins über die „Neuerungssucht Hardenbergs, an der er keinen Anteil gehabt", entsprang durchaus denselben Beweggründen, die im Jahre 1890 dem Fürsten Bismarck auf die Frage, ob nicht die Arbeiterschutzgesetzgebung die Weiterführung der Kaiserlichen Erlasse von 1881 sei, die Antwort eingaben: „I ganz und gar nicht". Der Historiker, der trotz dieser Aussprüche dort wie hier die Zusammenhänge niemals leugnen kann, wird von psychologischem Standpunkt aus das, was beide Staatsmänner später sagten, nach dem, was sie früher thaten, begreiflich und gerechtfertigt finden. Wer in der Wirklichkeit des Soziallebens freilich mit dem Gewissen des geschichtsbildenden Mannes, der sie hervorgerufen hat, arbeiten wollte, der würde seiner Gegenwart nicht das geben, was ihr not thut, sondern das, was sie verwirrt. Die absolute Gleichgültigkeit gegen harte und unbewegliche Theorien, das allein ist die echte Weise, um die lebendige Aufgabe des Tages zu erfüllen, wenn es sein muss, auch im Widerspruch mit dem Manne, der diese Tagesaufgabe zuerst erkannt und ihre Lösung in Angriff genommen hat.

Zeitgemäss weitergebildet und zeitgemäss begründet, schloss sich die Heeresreform an die Bauernbefreiung und die Städteordnung an. Scharnhorst und Gneisenau haben die mühselige unschätzbare Arbeit gethan. Jetzt endlich reiften die Pläne des Grossen Kurfürsten und Friedrich Wilhelms des Ersten ihrer Vollendung entgegen: die Werbungen im Ausland wurden für alle Zeiten abgeschafft, und allen sozialen Gruppen des Volkes eröffnete sich die Laufbahn des Offiziers. Und als dann die Stände selber es waren, die einst vom Landesfürstentum unter der Ausbreitung des von Frankreich importierten Absolutismus unterdrückten Stände, die jetzt dem Landesfürstentum mit der Errichtung der ostpreussischen Landwehr einen herrlichen Samariterdienst leisteten, da wurde Scharnhorsts Werk über sein bestes Hoffen und Erwarten weitergeführt. Am 3. September des Jahres 1814 ist dann endgültig für alle Staatsbürger, die ihr zwanzigstes Lebensjahr vollendet hätten, die Wehrpflicht festgelegt worden, und dem Wehrgesetz von 1814 schloss sich ein Jahr später die Landwehrordnung an. Schien sich nicht die Bürgschaft der Unüberwindlichkeit einem Volke aufzuthun, bei dem der Ackerknecht ebenso wie der Reiche und Vornehme wenigstens an einer Stelle gleich waren: gleich in dem Gefühl der Kleinheit gegenüber einer Gesamtheit, der jeder ebensoviel galt wie sein Nebenmann, und doch so gross in dem Bewusstsein, dass er im Anschluss ans Allgemeine die Grenzen seiner Persönlichkeit weit, weit hinausdehnen konnte? Mindestens ebenso wie die Lieder der Dichter und die Erziehung der Schule hat die allgemeine Wehrpflicht den unsagbaren Gedanken des Vaterlandes in den Seelen des deutschen Volkes befestigt und seine Söhne gelehrt, freudig, wenn's sein muss, für seinen Ruhm den Schlachtentod zu sterben.

Möglich, dass die allgemeine Wehrpflicht an und für sich schon das Geschlecht hätte erziehen können, das berufen war, ein einiges Deutschland aufzubauen, aber der Hohenzollernstaat rechnete nicht mit dieser Möglichkeit allein. Er wusste, dass neben dem Aufbau der Ausbau nicht vergessen werden darf, und die Lehren der unsterblichen litterarischen Glanzepoche hatten zu tief Wurzel gefasst im deutschen Erdreich. Im Grunde hat der ständische Gegner von Hardenbergs „Staatswohlfahrtstheorien", der auf der Festung Spandau für seine Opposition büssen musste, Ludwig von der Marwitz, keineswegs andere Ziele verfolgt als die grosse Reform, wenn er sich auf seinem Schlosse Friedersdorf die Frage vorlegte: „Beruht das Heil des Staates auf ökonomischen oder auf moralischen Prinzipien, und ist der reichste Staat seines Reichtums wegen der glücklichste?" Nirgends vielleicht hat der „Rembrandtdeutsche" ein verkehrteres Wort gesprochen als dort, wo er ausruft: „Die Hohenzollern werden dem deutschen Volke erst dann ganz gehören, wenn sie etwas Hohenstaufen geworden sind". Ich meine, die ganze preussische Geschichte aus zwei Jahrhunderten straft diese Behauptung Lügen, und gerade die Zeiten des beginnenden neunzehnten Jahrhunderts zeigen, wie emsig der Hohenzollernstaat auf die Pflege von Kunst und Wissenschaft bedacht gewesen ist. Braucht da erst daran erinnert zu werden, dass schon Stein das einzigartige Quellenwerk der Monumenta Germaniae begründete, von einer Pflicht des Staates zur Pflege der Kunst redete und das Theater dem Departement des Kultus unterstellte — Absichten, Entwürfe und Massnahmen, die nicht so weit ablagen von der Forderung, die in der Gegenwart die „deutsche Bühnengesellschaft" erhebt: „Wir wollen eine Aenderung der Gesetzgebung, insofern sie das Theater fast ausschliesslich unter dem Gesichtspunkt des Erwerbs betrachtet"? In diesem Zusammenhang sei nur erwähnt, dass mitten in der Reformarbeit die Berliner Universität gegründet worden ist (1810). Und die Gedanken des Philosophen, der einst, während drunten unter den Linden die französischen Trommeln ihre Wirbel schlugen, die Nation zur Willensstärke und Sittenstrenge aufrief, hielten ihren Einzug in die Hörsäle des ehemaligen Palastes des Prinzen Heinrich und drangen von dort aus hinein in die Herzen der lernfreudigen Jugend und hinaus in die Gaue des gesamten Deutschlands. In treuer Waffenbrüderschaft leiteten die akademischen Vertreter der Sprachforschung, der Geschichtsschreibung und der Rechtsgelehrsamkeit die „Erziehung eines neuen deutschen Geschlechtes", von der Fichte träumte, und suchten allesamt auf der Erforschung der nationalen Vergangenheit die Zukunft unseres Volkslebens aufzubauen.

Was besagen neben all diesen grundlegenden Wandlungen des preussischen Soziallebens die Hunderte von Reformen, die noch in der grossen Zeit durchgeführt worden sind, und doch ist keine wertlos und unwichtig. Zweierlei mag hier hervorgehoben werden. Das Edikt vom 11. März 1812 erklärte alle Juden, die im preussischen Staat mit Schutzbriefen und Konzessionen ausgestattet waren, für Inländer und preussische Staatsbürger, gewährte ihnen Freiheit des Erwerbs und des Grundbesitzes, wenn sie auch von den Staatsämtern und ständischen Rechten vorläufig noch ausgeschlossen blieben. Auch hier also hat der preussische Staat allen deutschen Staaten voraus die Schranken einer abgeschiedenen Zeit und Politik niedergeworfen und doch zugleich als die Vorbedingung voller Emanzipation die Beseitigung der rituellen und nationalen Sondertümlichkeit, die Verschmelzung der Juden mit der umgebenden Bevölkerung festgehalten. Darin lag eben fortan der entscheidende Punkt bei der Ausgestaltung der bürgerlichen Verhältnisse der Juden: der Staat beabsichtigte keineswegs, das Bürgerrecht von einem bestimmten Glaubensbekenntnis abhängig zu machen, aber er musste mit angespannter Aufmerksamkeit darauf achten, dass kein Religionsbekenntnis seiner Unterthanen Widersprüche gegen seine eigene sittliche Grundlage enthielt. Ein Redner des Vereinigten Landtags in Preussen vom Jahre 1847 traf das Rechte mit dem Ausspruch, der Jude könne nicht verlangen, dass der Christ ihm den Staat einräume, damit er sich eine Zelle darin nach eigenem Belieben ausbaue und eine Drohne im christlichen Bienenstaate sei. Das war der Grundsatz, dem der im Anfang des neunzehnten Jahrhunderts sozial neubegründete Hohenzollernstaat stets treu geblieben ist: nur, wenn die Juden in Sitten und Rechtsnormen Deutsche geworden sind, können sie deutsche Staatsbürger im vollen Sinne sein. Die Monroedoktrin, die in dem Siebzigmillionenreiche des Sternenbanners in unseren Tagen die Parole ausgiebt: „Amerika den Amerikanern", ist durch den preussischen Staat schon längst laut und deutlich gepredigt worden: „Deutschland für die Deutschen".

Es lohnte wohl der Mühe, die Finanzreformen dieser Zeit in Zusammenhang mit der Neuordnung der Gesellschaft in Preussen zu setzen. Erwies sich auch die Gründung der Nationalbank und die Ausgabe von 26 Millionen Thalern in Tresorscheinen, deren Annahme im Privatverkehr seit 1813 der freien Uebereinkunft überlassen war, als eine Nachahmung fremdländischer und namentlich französischer Institutionen, so verfolgte das Finanzedikt vom 27. Oktober des Jahres 1810 originelle und segensreiche Wege. Alle Steuerfreiheiten sollten beseitigt werden, eine gerechte gleichmässige Besteuerung sollte eine Erleichterung der gesamten Steuerkraft bewirken. Man war damit an eine der schwierigsten Aufgaben der Staatswirtschaft herangetreten, an der sich schon der Grosse Kurfürst vergeblich versucht hat und die auch diesmal nicht konsequent und einheitlich durchgeführt worden ist. Die lästigste Seite blieb nach wie vor die Einmischung des Staates in die Privatwirtschaft seiner Unterthanen, die Finanzpolitik auch noch der nächsten Zeit fürchtete allemal allzusehr, dass eine Reform der Besteuerung nur mit einem Umsturz aller wirtschaftlichen Verhältnisse erkauft werden könne, und erst die Miquelsche Steuerreform hat die Entwickelung, die das Edikt von 1810 ins Auge fasste, durch die Einführung der Selbsteinschätzung zum Ende geführt, den Ansatz in ein möglichst gerechtes Verhältnis zur Steuerkraft gebracht und die Steuern auf die Schultern derjenigen gelegt, die sie zahlen. Alles das war im Jahre 1810 noch nicht erreichbar bei einem Volke, das sich eben erst anschickte, sich das Recht der

Selbstbestimmung zu verdienen und zu einer in sich gefestigten Persönlichkeit auszureifen.

Es blieb das grosse Ergebnis der grossen Sozialreform, dass die wunderbare Kraftentfaltung eines der Freiheit entgegeneilenden Volkes als des Staates stärkste Stütze angesehen wurde, dass für alle Zukunft die Freiheit der Industrie und der Landwirtschaft im preussischen Staate fest begründet war — ein Ziel, dem vergeblich Napoleons des Ersten gewaltige Wirtschaftsreform in Spanien entgegensteuerte. Gerade der Gegensatz beider Länder, Preussen und Spanien, zeigt und sollte im Verlauf des neunzehnten Jahrhunderts noch mehr zeigen, dass doch eine tüchtige Regierung die unerlässliche Vorbedingung einer wirksamen Sozialreform ist. Ein Ferdinand der Siebente, der seinem zerrütteten Land die sinnwidrigsten Abgaben auferlegte, stiess Spanien nur in die Unzufriedenheit wirtschaftlicher Kämpfe hinein und trieb es dem engherzigen Ausbreitungssystem des Absolutismus und der Hierarchie und schliesslich seiner völligen Auflösung entgegen. Wie so ganz anders der Staat, von dem Hardenberg sagen konnte, er habe mit seiner Reformgesetzgebung „eine Revolution im guten Sinne vollbracht durch Weisheit der Regierung und nicht durch gewaltsame Impulsion von aussen". In diesem Zusammenhang gewinnt Goethes Wort Verständnis und Bedeutung: „Jede grosse Revolution ist nicht Schuld des Volkes, sondern der Regierung".

Dass aber die freidenkenden und kühnwollenden Männer, die im Deutschland des achtzehnten Jahrhunderts erwachsen waren, ihre Kräfte für den Staat Friedrichs des Grossen opfern und entfalten konnten, bleibt das unvergängliche Verdienst König Friedrich Wilhelms des Dritten. Nicht derb zugreifend wie Friedrich Wilhelm der Erste, nicht kühn und kurz entschlossen wie der Grosse Kurfürst, aber gewissenhaft und beharrlich wie beide, in unentwegter Pflichttreue gegen den Staat, hat er seine soziale Aufgabe erfasst. Ihm gebührt der Ruhm, das heilige Feuer des Staatsgedankens, das Friedrich der Grosse entzündet hatte, rein und unversehrt gehütet zu haben, so dass sich an seiner Glut die modernen Ideen seiner Ratgeber erwärmen und läutern konnten. Mit welcher ursprünglichen Gesundheit ihn dieser Gedanke beherrschte, das zeigt die Erzählung, die Heinrich von Treitschke in seiner Leipziger Turnfestrede aus den Augusttagen 1863 eingeflochten hat. Nach dem Tage von Leipzig erwiderte der König einem Offizier, dessen vier Söhne in der Schlacht geblieben waren und der ihm sagte, sie wären im Kampfe für den König gefallen: „Nicht für mich, sondern für das Vaterland!"

So ist der Kampf, den das sozial reformierte Preussen mit Napoleon begonnen hat, zugleich zu einem Kampf um die Selbständigkeit des Staates und um die soziale Einheit seines Volkes geworden, er war die Vollendung der herrlichen Reformzeit und der Ausgangspunkt einer noch herrlicheren Zukunft. Mit Recht bewahrt daher das Denkmal, das Rauchs Schüler Drake dem König im Tiergarten gesetzt hat, in seinen idyllischen Hochreliefs die Erinnerung an dessen unvergängliche soziale Thätigkeit, und mit Recht senkten sich am Tage des Einzuges der siegreichen Truppen, die das neue Deutsche Reich erstritten hatten, ihre Fahnen und Standarten nieder vor dem Reiterstandbild des Heldenkönigs und seinem weithin leuchtenden Wahrspruch: „Meine Zeit in Unruhe, meine Hoffnung in Gott".

Nicht die Lehren, die der naturwissenschaftliche Materialismus unserer Tage so gern aus der Geschichte entnehmen möchte, kann die vorurteilsfreie Betrachtung aus der grossen Sozialreform unter Friedrich Wilhelm dem Dritten entwickeln. Sie lernt vielmehr begreifen, dass eine Wirkung der Sozialgeschichte stets an zwei Bedingungen geknüpft ist, daran, dass neue soziale Ideen vorhanden und schon ein gewisses Gemeingut eines Volkes geworden sind, und daran, dass erst grosse moralische Kräfte einzelner Charaktere jenen zur praktischen Gestaltung verhelfen. Die unwiderstehliche Aeusserung des gesamten deutschen Volksempfindens, die in den Befreiungsjahren sich kundthat, bewies hell und verständlich, dass die grosse Sozialreform nicht aus den Träumen eines starren und trüben Doktrinarismus geboren war, sondern aus den realen Bedürfnissen und Lebensbedingungen der Gegenwart. Möchten die Ergebnisse dieser

Zeiten immer mehr Gemeingut jeglicher Sozialpolitik in Deutschland werden und durch sie verkünden, dass es höchste soziale Pflicht des Staates sein muss, bei den einzelnen sozialen Schichten zu wecken das beglückende Ehrgefühl der Arbeit, den unerschrockenen, wahrheitsfrohen, tiefen sittlichen Ernst! Dann wird Raum werden unter unserem Volke für den Gedanken, den Friedrich Wilhelm der Dritte aussprach, als die stille Oktobernacht niedersank auf das blutgetränkte Schlachtfeld von Leipzig: in freier individueller Selbstthätigkeit Gut und Blut, Gedanken und Thaten, Schaffensgewalt und Entsagungsfreudigkeit, Alles für das Vaterland!

Die Begründung der deutschen Zolleinheit.

Bei einem Gespräche über die deutsche Einheit hat der Altmeister von Weimar im Jahre 1828 gesagt: „Deutschland sei eins, dass der deutsche Thaler und Groschen im ganzen Reich den gleichen Wert habe; eins, dass mein Reisekoffer durch alle 36 Staaten ungeöffnet passieren kann. Es sei eins, dass der städtische Reisepass eines weimarischen Bürgers von den Grenzbeamten eines grossen Nachbarstaates nicht für unzulänglich gehalten werde als der Pass eines Ausländers. Es sei von Inland und Ausland unter deutschen Staaten überall keine Rede mehr. Deutschland sei ferner eins in Mass und Gewicht, in Handel und Wandel und hundert ähnlichen Dingen, die ich nicht alle nennen kann und mag". Diese Wünsche und Hoffnungen hat alle der Hohenzollernstaat erfüllt und verwirklicht durch die Begründung des deutschen Zollvereins.

Zweimal im Verlauf der deutschen Geschichte war der Versuch gemacht worden, aus unserem Vaterlande ein einheitliches Markt= und Zollgebiet zu schaffen, zweimal war er gescheitert. Das erste Mal hatte seit dem Anfang des zwölften Jahrhunderts die Königsgewalt ein kaiserliches Oberzollregal verfochten und mit dessen Hilfe eine Centralisation des deutschen Zollwesens erstrebt, aber das Landesfürstentum hatte die gute Absicht vereitelt und jenen Zustand allgemeiner wirtschaftlicher Zer= splitterung vorbereitet, in dessen unheilvollem Banne das ausgehende Mittelalter dahinwelkte. Dann wieder in den Tagen der Reformationszeit unternahm das Reichsregiment auf dem Nürnberger Reichstage des Jahres 1522/23 das aussichtslose Wagnis von neuem. Und diesmal scheiterte der weittragende Beschluss, das ganze Reich mit einer Zollgrenze zu um=

schliessen und daselbst einen Zoll von allen Waren mit Ausnahme der unbedingt notwendigen Lebensbedürfnisse zu erheben, an der Opposition des städtischen Grosskapitals, das bei dem von ihm abhängigen Kaiser die schon bewilligte Ausführung zu hintertreiben wusste. Der verwerfliche Egoismus des Geldbeutels hatte beide Male eine unabweisbare Forderung des Gemeinwohls stumpf und teilnahmslos durchkreuzt, die höchsten Interessen des öffentlichen Lebens mit eigennützigem Krämergeist preisgegeben.

Mahnender als je zuvor trat nach den Befreiungskriegen an den Hohenzollernstaat die Forderung heran, mit seinem sozial geeinigten Volke die wirtschaftliche Emanzipation des deutschen Lebens zu erkämpfen und so eine neue Voraussetzung für die politische Begründung eines einheitlichen Deutschlands zu gewinnen. Wiederum wie so oft früher und später fiel in diesem Augenblick Preussens eigener Vorteil mit dem Vorteil Gesamtdeutschlands zusammen.

Die verschiedenartigen Tarife der alten und neuen preussischen Provinzen (in Altpreussen gab es deren allein nahezu 70) und die englische Konkurrenz von dem Augenblick an, als das Kontinentalsystem aufhörte, beförderten an massgebender Stelle den Entschluss, den Geist der grossen Sozialreform auch auf das Gebiet des Finanzwesens hinüberzuleiten und aus dem ganzen Staat ein einheitliches Marktgebiet zu schaffen. Das Ergebnis war das vom Generalsteuerdirektor Karl Georg Maassen verfasste Zollgesetz vom 26. Mai des Jahres 1818 „über den Zoll und die Verbrauchssteuer von ausländischen Waren und über den Verkehr zwischen den Provinzen des Staates". Es bedeutete einen ungeheuren Fortschritt, dass die Zolltarifierung nach Gewicht, statt nach Qualität der Waren festgelegt wurde, wie dies ja schon der Reichsdeputationshauptschluss von 1803 bezüglich der Rheinzölle bestimmt hatte: wieviel Willkür wurde beseitigt, wieviel einfacher und übersichtlicher gestaltete sich die Erhebung, wieviel Plackereien wurden den Handeltreibenden, wieviel unmutige Arbeit den Zolleinnehmern erspart. Das Gesetz bedachte aber ebenso den Schutz des heimischen Gewerbes wie die Besteuerung der Kolonialprodukte und bewies damit klar und deutlich, wie wenig die kaufmännische Opposition namentlich der Rheinlande triftigen Grund zur Klage gehabt hatte. Schmoller hat Recht, wenn er den Streit, ob das Gesetz schutzzöllnerisch oder freihändlerisch war, den Schultheoretikern zuweist. Es war nur allzunatürlich, dass es zunächst in Deutschland als Handelssperre empfunden wurde; denn niemand wusste, dass Preussen gewillt war, sein Zollsystem auf ganz Deutschland auszudehnen. Allerdings herrschte schon damals im preussischen Lager die Absicht, alle Zollerleichterungen seitens anderer Staaten zu erwidern. Die Weisungen an die preussischen Gesandten aus den zwanziger Jahren besagen ausdrücklich, „dass Friedrich Wilhelm der Dritte sich schon im Jahre 1818 zu Zollverhandlungen bereit erklärt habe und noch immer den Wunsch hege, andere deutsche Staaten mit seinem Zollsysteme zu verbinden". Der Eckstein im Bau einer deutschen Handelsvertragspolitik war gelegt: jenes Prinzip der Gegenseitigkeit, das all den sogenannten Handelsverträgen des Merkantilismus, der Navigationsakte Cromwells ebenso wie dem Methuenvertrag gefehlt hatte. Insofern konnte auch Schmoller das preussische Zollgesetz von 1818 als „das erste Beispiel in der grossen weltgeschichtlichen Wendung vom Merkantilismus zur Handelspolitik des 19. Jahrhunderts" bezeichnen.

Es war nur zu selbstverständlich, dass der Zollabschluss Preussens und die ziemlich bedeutende Belastung des Durchfuhrhandels bei den übrigen deutschen Staaten die etwa vorhandenen Wünsche nach einer einheitlichen Regelung des vaterländischen Zollwesens noch verstärken und erweitern mussten.

Die Hoffnung, dass Deutschland ein einheitliches Marktgebiet werden möchte, war ja stark unter dem Geschlecht jener Tage, und gerade in Süddeutschland lebten ihr zwei bedeutende Männer, Friedrich List und Nebenius. Der geistvolle und hochherzige Friedrich List, der das stolze bürgerliche Wort sprach, dass die Kraft, Reichtum zu erwerben, wichtiger als der Reichtum selber sei, ein Kämpfergeist wie die meisten Schwaben, war doch weit hinausgewachsen über die Grenzpfähle seines „Ländles" und weilte bereits in den grossen Zeiten, deren Anbruch er nicht mehr erleben sollte.

Alle die wirtschaftlichen Errungenschaften des neuen Reiches, auf die wir heute stolz sind, hat er ahnungsvoll erstrebt. Auf sein Betreiben richtete der Verein deutscher Kaufleute und Fabrikanten, den er sechs Monate, nachdem das preussische Zollgesetz in Kraft getreten war, stiftete, an den Bundestag die Bitte, alle Binnenzölle abzuschaffen und ein deutsches Zollgesetz zu erlassen, und als diese Eingabe erfolglos blieb, da entfesselte List an den deutschen Höfen eine grossartige, wenn auch vielfach unklare Agitation zu Gunsten eines Bundeszollsystems und einer Wirtschaftseinheit im Vaterlande.

Neben List hat der Badenser Nebenius, ein klarer und nüchterner Denker, die gleichen Ziele verfolgt. In seiner berühmten Denkschrift, die er um Neujahr 1819 verfasste, schlug er vor, die Zolleinnahmen nach der Kopfzahl der Bevölkerung an die Einzelstaaten, die einer Zollgemeinschaft beitreten, zu verteilen, und betonte, dass notwendigerweise jede Zollgemeinschaft eine allerorten gleichgeartete Besteuerung des inneren Konsums zur Folge haben müsste. Diese Gesichtspunkte sind wesentlich dieselben, die bei der Organisation des Zollvereins befolgt worden sind, wenn auch auf dessen Entwickelung die Denkschrift ohne jeden erkennbaren Einfluss geblieben ist.

Die beiden Süddeutschen haben sich nie zur Zollpolitik der preussischen Staatsmänner bekannt, sondern immer ein Bundeszollsystem im Anschluss an die alten reichsrechtlichen Institutionen erstrebt, und es ist daher grundfalsch, sie als die Mitbegründer des Zollvereins zu feiern.

List ist ebenso wie Nebenius bei Adam Smith in die Lehre gegangen, und auch die preussischen Staatsmänner, die es unternahmen, im Anschluss an das Zollgesetz von 1818 die deutsche Zolleinheit zu gründen, waren gleich Stein und Hardenberg Schüler des schottischen Nationalökonomen, der das Individuum zum Ausgangspunkte seines wirtschaftlichen Kosmopolitismus gemacht hatte und im vierten Buche seines „Wealth of Nations" sogar den extremen Gedanken verfocht, dass selbst die Blüte der englischen Landwirtschaft seiner Tage nicht dem Schutzzoll und den Exportprämien, sondern der Beseitigung der Schranken des Binnenhandels verdankt worden sei. Aber sowohl die preussischen Staatsmänner wie Friedrich List, die von der Bedeutung des Individuums ausgingen, waren im Gegensatze gegen den Kosmopolitismus des Schotten einig. List bewährte sich stets als ein Vertreter der Handelsfreiheit in Deutschland, aber als Feind der antinationalen Richtung der Smithschen Schule und bemerkte ausdrücklich, dass der Smithianismus nur für England Gültigkeit habe, und Eichhorn stellte es als Ziel der preussischen Zollpolitik mit der ihm eigentümlichen Sprach- und Verstandesschärfe hin: keine internationale Verkehrsfreiheit, sondern nationale Handelseinheit! Also hüben wie drüben, bei den Männern des Zollvereins wie bei den Verteidigern des Bundeszollsystems die gleiche Erkenntnis der wirtschaftlichen Bedeutung des Individuums und die gleiche Betonung der Nationalität in der Wirtschaft. Das Korrektiv ihrer Anschauungsweise fanden beide Richtungen in der gewaltigen Strömung, die hauptsächlich an der Universität Berlin verbreitet war, die aber über das ganze deutsche Leben jener Zeiten mit elementarer Urkraft hinüberflutete: in der deutschen Romantik, die an Stelle eines dürren geschichtsphilosophischen Pragmatismus den Zusammenhang aller Menscheneinrichtungen mit dem Volksgeist betonte. Der Smithianismus machte unsere Staatsmänner zu Anhängern der wirtschaftlichen Freiheit, die deutsche Romantik bewahrte sie vor dem Kosmopolitismus im Wirtschaftsleben.

Als Bannerträger der nationalen Handelseinheit schritten Preussens Staatsmänner an deren Verwirklichung, indem sie durch Zollanschlussverträge die übrigen deutschen Staaten mit dem geeinigten preussischen Zollgebiet verbanden.

Der erste Staat, der gewonnen wurde, war Schwarzburg-Sondershausen. Am 25. Oktober 1819 ward ihm durch Vertrag für seinen Anschluss ein seiner Bevölkerungszahl entsprechender Anteil am Reinertrag der Zölle zugestanden, der Grundstein zum mühevollen Werke war gelegt. Allein fast ein Jahrzehnt verging, ehe man dem Ziele einigermassen näher kam: ein Jahrzehnt, erfüllt von Angriffen der deutschen Publizistik, von heimlichen Machinationen des Wiener Kabinetts und von Klagen der deutschen Kleinstaaten, die sich vor einer Mediadisierung fürchteten.

Während in der Schweiz die Eisenbahnkonflikte spielten und die Politiker für Staatsbau und Privatbau in die Schranken riefen, kämpfte man in Deutschland für und wider die Zolleinheit, für und wider die Bundesreform durch Preussen.

Fast schien es, als sollte den preussischen Plänen in jenen Zeiten eine Gegnerschaft erwachsen, die den Teufel durch Beelzebub austreiben wollte und damit der Zukunft des ganzen Werkes den empfindsamsten Schaden zufügen konnte. Zwei neue Zollvereine bildeten sich neben dem eben erst mühsam begründeten Bunde, beide im Jahre 1828. Im April dieses Jahres schlossen Bayern und Württemberg nach langwierigen Verhandlungen und den langweiligsten Konferenzen einen süddeutschen Verein, im September 1828 konstituierte sich in Kassel der mitteldeutsche Handelsverein, und die Staaten, die sich ihm anschlossen, Sachsen, Kurhessen, Braunschweig, Hannover und Oldenburg, waren alle einig, den preussischen Durchfuhrhandel zu vernichten und damit Preussen zur Nachgiebigkeit zu zwingen. Immer mehr verdichtete sich also die Frage der deutschen Handelseinheit zur politischen Machtfrage, wo Klugheit, Ausdauer und Entschlossenheit die Entscheidung bringen mussten.

Mittlerweile hatte Preussen Hessen-Darmstadt in seinen Zollverband aufgenommen, dem nunmehr noch Dessau und Köthen, Rudolstadt, Bernburg und einige weimarische Aemter angehörten. Und jetzt reifte in Motz' feurigem Geiste der kühne Plan, über den mitteldeutschen Handelsverein hinweg den norddeutschen mit dem süddeutschen Zollbund zu vereinigen. Der Plan glückte, im Mai des Jahres 1829 wurde ein Handelsvertrag bis zum Jahre 1841 abgeschlossen und Zollfreiheit für alle einheimischen Produkte festgesetzt. Als es dann Motz gar gelang, mit Meiningen und Gotha zu vereinbaren, dass durch Thüringen neue Strassen erbaut und diese dem Durchzugshandel freigegeben werden sollten, erlangte der Handelsvertrag praktische Bedeutung, das Schicksal des mitteldeutschen Vereins war besiegelt.

Aber noch ein zweites war im Vertrage von 1829 ausbedungen worden, die Anpassung der Zollsysteme des Südens und Nordens. Grosse

Schwierigkeiten bereitete hier wieder Baden, das nur in einen gesamtdeutschen Verein eintreten wollte, doch die Ereignisse der französischen Julirevolution trugen dazu bei, die unionistischen Tendenzen bei den süddeutschen Staaten zu fördern. Am 22. März des Jahres 1833 konnte endlich der Vertrag unterzeichnet werden, wonach der bayrisch-württembergische Verband sich auf acht Jahre mit dem preussisch-hessischen vereinigte „in fortgesetzter Fürsorge für die Beförderung der Freiheit des Handels zwischen ihren Staaten und hierdurch zugleich in Deutschland überhaupt".

Zur gleichen Zeit pflog man in Berlin Zollvereinsverhandlungen mit Sachsen, das Ende März dieses Jahres, nachdem es einige Vergünstigungen namentlich zu Gunsten des Leipziger Messhandels sich erwirkt hatte, seinen Zollanschluss erklärte. Im Mai traten auch die thüringischen Staaten bei, und unter dem Namen des Deutschen Zollvereins begann der grosse Handelsbund in der Neujahrsnacht von 1833 auf 1834 sein Leben. Ein Gebiet von 18 Staaten mit 7719 Quadratmeilen und 23 Millionen Einwohnern war handelspolitisch geeinigt, erfreute sich nahezu ausschliesslicher Verkehrsfreiheit im Innern und eines gleichmässigen Tarifes für den Aussenhandel.

Eins war klar, dass es nur eine Frage der Zeit sein konnte, wann die übrigen deutschen Mittel- und Kleinstaaten dem Beispiel der grösseren sich anschliessen würden. So folgten sie denn allmählich alle, Baden und Nassau, Braunschweig und Lippe, im Jahre 1854 Hannover und Oldenburg. Schon im ersten Jahrzehnt von 1834—1844 betrug der Bevölkerungszuwachs beinahe 5 Millionen Seelen, die Anteile der Vereinsstaaten an den Einnahmeüberschüssen stiegen beständig in den 20 Jahren von 1850 bis 1870 von 23 auf 40 Millionen Thaler, und gerade die süddeutschen Staaten haben dabei ein ganz gutes Finanzgeschäft gemacht. Wenn man gar erfährt, dass der Ertrag des Ueberschusses auf den Kopf der Bevölkerung von 15 Sgr. im Jahre 1834 auf 24 Sgr. bereits im Jahre 1843 gestiegen war, so wird man vollends die hohe sozial-politische Bedeutung des grossen Handelsbundes nicht zu bestreiten vermögen.

Langsam, aber stetig und unaufhörlich hob sich die materielle Entwickelung Deutschlands wieder empor. Am Ende des ersten Jahrzehnts der Zollvereinsgeschichte war „die Höhe des Wohlstandes, welche unser Vaterland schon vor dem Dreissigjährigen Kriege erstiegen hatte, endlich wieder erreicht" — wie Heinrich von Treitschke ausführt. Auch um die Besserung des seit alters schmählich zerrütteten und zersplitterten Münz- und Gewichtswesens erwarb sich der Zollverein dauernde Verdienste, und auf seine Anregung geht die Leipziger Wechselkonferenz zurück, die am 9. Dezember 1847 den Entwurf einer allgemeinen deutschen Wechselordnung vollendete. Gar manche Ahnungen und Hoffnungen, für die Friedrich List vergebens sein reiches Agitationstalent eingesetzt hatte, sind durch den Deutschen Zollverein zu Dasein und Wirkung erweckt worden. Im Gegensatz gegen den altersmorschen Deutschen Bund hatte die nüchtern praktische Genialität von Maassen, Eichhorn und Motz das echt nationale Werk zu stande gebracht.

Die gleichen Zwecke, wie sie Napoleon der Erste mit seinem Kontinentalsystem gegenüber England verfolgt hatte, hat Preussen mit dem Zollverein dem Ausland gegenüber erstrebt: dort wirtschaftliche Verselbständigung des Kontinents, hier wirtschaftliche Verselbständigung Deutschlands. Und in der That: wäre es gelungen, mit einem einheitlichen deutschen Marktgebiet gegen Englands Wirtschaftsmonopol zu kämpfen, so wäre Napoleons Plan nicht gescheitert, ein wirtschaftlich geeinigtes Deutschland wäre die stärkste Stütze des Kontinentalsystems gewesen. Als die Kontinentalsperre aufhörte, die gerade in England die hohen Preise beseitigte, wurde Preussen mit unwiderstehlicher Gewalt auf den Weg getrieben, den es seit dem Jahre 1818 mit konsequenter Realpolitik eingeschlagen und im Jahre 1854 zu seinem Höhepunkt geführt hat. Freilich, davon hing der Bestand und die Zukunft des Deutschen Zollvereins ab, dass Eichhorns Wort in seiner Mitte Beachtung fand: „nationale Handelseinheit, nicht internationale Verkehrsfreiheit", und dass demzufolge der nationale Charakter des Handelsbundes sorgsam gewahrt blieb.

So ist es denn begreiflich genug, dass der Zollverein seine schwersten Krisen überwinden musste, als seine nationale Wesenseigentümlichkeit durch gewisse internationale Engagements beinahe erstickt worden wäre. Das war einmal, als Oesterreich im Jahre 1851 Eintritt verlangte und durch den Gedanken eines mitteleuropäischen Zollbundes den nationalen Zollverein sprengen wollte, und dann, als Oesterreich in dem Abschluss eines deutsch-französischen Handelsvertrages von 1862 ein Hemmnis für den Plan einer deutsch-österreichischen Zolleinigung erblickte. Beidemale überwand der Zollverein dank Preussens Thatkraft und Energie siegkräftig diese Widerstände. Die internationale Wirksamkeit, wie sie der Verein durch den Abschluss mancher Handelsverträge in den dreissiger und vierziger Jahren entfaltete, hat naturgemäss zu keiner Erschütterung seines inneren Lebens Veranlassung geboten. Und wenn Belgien seit Leopolds des Ersten Regierungsantritt (1831) viel dafür gethan hat, um den Westen Deutschlands mit der Nordsee zu verbinden und damit dem deutschen Wirtschaftseinfluss an Stelle des holländischen den Weg übers Weltmeer zu eröffnen, so bedeutet auch diese Entwickelung keinen Gegensatz gegen den nationalen Charakter des heranwachsenden deutschen Wirtschaftsstaates. Denn dessen fester Kern, die nationale Organisation des Zollvereins, war hier nicht in Frage gestellt wie durch jene Bestrebungen Oesterreichs für einen internationalen mitteleuropäischen Zollbund.

Zum letztenmale sind am 16. Mai des Jahres 1865 die Zollvereinsverträge in der alten völkerrechtlichen Form erneuert und zum letztenmale auf die Dauer von zwölf Jahren abgeschlossen worden. Die Kriegsereignisse des folgenden Jahres führten zur Gründung eines Zollbundesrates mit Majoritätsbeschlüssen und dem Veto der Präsidialmacht, der Wunsch, auch mit Staaten ausserhalb des Norddeutschen Bundes die Wirtschaftsgemeinschaft zu pflegen, zur Entstehung der „Zollparlamente". Sie bestanden aus den Mitgliedern des norddeutschen Reichstages und einer entsprechenden Zahl süddeutscher Abgeordneter, und dieses neue Parlament für Zollwesen und gemeinschaftliche indirekte Steuern arbeitete Hand in Hand mit den volkswirtschaftlichen Kongressen, dem deutschen

Handelstag und dem Nationalverein an der Vollendung des Prinzips, das König Friedrich Wilhelm der Dritte durch die Karlsbader Kabinettsordre von 1817 in „der freien Einfuhr für alle Zukunft" proklamiert hatte. Wohl fand in den vierziger Jahren das Protektionssystem in der Tarifpolitik des Zollvereins Eingang, als unter dem gewaltigen englischen Eisenimport und dem Druck der englischen Spinnereikonkurrenz die süddeutschen Staaten für Schutzzölle Propaganda machten. Aber im Jahre 1865 folgten wieder freihändlerische Reformen, als der Schutzzoll manchen Zweig der Industrie bei einer veralteten Betriebsweise festhielt und zudem eine Reihe von Handelsverträgen die Zollbestimmungen anderer Staaten in dem allgemeinen Tarif zur Geltung brachten.

Wie verschiedenartig nach Naturanlage und Temperament stehen die Männer nebeneinander, die von der Sehnsucht nach der deutschen Handelseinheit getragen waren, und die, die sie durchgeführt haben. Dort die Süddeutschen List und Nebenius, neben dem leidenschaftlichen, selbstverzehrenden Optimismus die geistvolle Klarheit des grossdenkenden Staatswirts. Beide erfüllt von der mächtigen Triebkraft echter nationaler Begeisterung, aber der eine allzuheissblütig, um sich an das im Leben Erreichbare zu kehren, der andere allzutheoretisch, um seine Erwägungen zur reifenden That umzusetzen, eine Art Gervinus, der so theoretisch für die deutsche politische Einheit kämpfte, dass er die endlich durch Andere erkämpfte nicht erkannte. Und hier die preussischen Staatsmänner des Zollvereins, geduldig und unverdrossen vom Nächsten zum Nächsten eilend, geschickte unübertreffliche Rechner, und doch nie im lähmenden Banne praktisch=opportunistischer Nüchternheit und allzuängstlicher Selbstbescheidung. Wenn Maassens arbeitsamer Fleiss ruhig prüfend die Steuerkraft seines Staates erwog, so fand Motz' erfinderische Feuerseele die Mittel und Wege, um ihr zu lebendiger Wirkung zu verhelfen, und Eichhorns zähe Verstandesschärfe hielt unverrückbar fest an den hohen Zielen der Politik, an den Idealen, die allein dem Zusammenarbeiten Wert und Gewissen erhielten. Der tiefste Einklang all dieser verschiedenartigen Gaben und Sinne entsprang doch vor allen Dingen aus dem

Wesen des Hohenzollernstaates, der eben noch vor aller Welt das Erbe Friedrichs des Grossen in veränderter Form siegreich behauptet hatte, und aus der unleugbaren Fähigkeit des Königs, treue und tüchtige Männer zu finden und zu halten. Die Geschichte des Deutschen Zollvereins ist unserem Volk eine dauernde inhaltreiche Mahnung, was es vermag, wenn nicht die hohle Phrase, sondern die selbstgetreue verständige Ausdauer seine Schritte beeinflusst. Lieber im Sozialleben den Vorwurf des Egoismus ertragen, als den phantastischer Unklarheit, wenn nur in der eigenen Brust die Gewissheit redlicher selbstloser Arbeit und opferwilliger Hingabe an das Vaterland unausreissbar wurzelt.

Leopold von Ranke hat mit dem weiten Blick des Historikers schon in einer Denkschrift vom Oktober 1848 die Wahrnehmung ausgesprochen, Preussen habe durch die Gründung des Zollvereins eine deutsche Mission übernommen. Und Kaiser Wilhelm der Erste schrieb als Prinz in seinen Aufsatz aus den Maitagen des Jahres 1850 das klare staatsmännische Urteil: „Der Zollverband bahnte zuerst eine wirkliche politische Einigung Deutschlands an." Wie reif und richtig war das gedacht!

Wer aber vermöchte es, die tausendfach verborgenen Rinnsale aufzudecken, durch die der Deutsche Zollverein befruchtend und belebend auf die deutsche Zukunft eingewirkt hat, wie er in unserem Vaterlande ein neues Volksempfinden eingebürgert hat, indem er seine Glieder daran gewöhnte, selbst über ihre Angelegenheiten nachzudenken und weder in der Berücksichtigung der kleinsten Lebensbedürfnisse eine unnütze Selbstentwürdigung noch in ihrer allzugründlichen Betonung die einzige rechtmässige Selbsterhebung zu erblicken. Es bleibt leider ewig wahr, dass nichts die Menschen mehr einander nähert als materielle Gemeinschaft, aber darum steht doch diejenige soziale Staatskunst am höchsten, die diese allbeherrschende Kraft benutzt, um mit ihrer Hilfe das notwendige Gute zu schaffen. Und dieses notwendige Gute war für unser Volk, dass es sich losmachte von der „Freiheit in dem Reich der Träume" und seinen Sinn schärfte für die gewaltigen staatlichen und gesellschaftlichen Aufgaben der Gegenwart, für all die scheinbar ideallose, nüchterne, verstandesgesunde Arbeit, die noch gethan werden musste, ehe Goethes Glauben zum Schauen ward: „Vor allem sei Deutschland eins in Liebe untereinander!"

Nur wer sich diese Gedankengänge in ihrer lapidaren geschichtlichen Entwickelung klar macht, wird Verständnis gewinnen für jene beiden Strophen von Hoffmann von Fallersleben, die so wunderlich seltsam anheben und so herzrührend ausklingen im Preis des Deutschen Zollvereins:

„Schwefelhölzer, Fenchel, Bricken,
Kühe, Käse, Krapp, Papier,
Schinken, Scheren, Stiefel, Wicken,
Wolle, Seife, Garn und Bier;
Pfefferkuchen, Lumpen, Trichter,
Nüsse, Tabak, Gläser, Flachs,
Leder, Salz, Schmalz, Puppen, Lichter,
Rettich, Rips, Raps, Schnaps, Lachs, Wachs!

Und ihr andern deutschen Sachen,
Tausend Dank sei euch gebracht!
Was kein Gott je konnte machen,
Ei, das habet ihr gemacht:
Denn ihr habt ein Band gewunden
Um das deutsche Vaterland,
Und die Herzen hat verbunden
Mehr als unser Bund dies Band!"

Das neunzehnte Jahrhundert und die Sozialreform des neu geeinigten Deutschland.

Wohl wussten die Männer des Deutschen Zollvereins, weshalb sie so gewissenhaft bedacht waren, dem Wirtschaftsbunde die deutsche Nationalität zu bewahren. Denn immer drohender und heftiger pochte die internationale Geldwirtschaft und Weltwirtschaft an die Thore des nationalen Wirtschaftsstaates, der noch im Stadium seiner Entwickelung begriffen war.

Wir wissen es, dass gerade der Staat, der den wirtschaftlichen Lehrmeister dieser Zeiten gezeugt hatte, es war, der in den vierziger Jahren die Veranlassung zu den tarifpolitischen Protektionsgelüsten im Zollverein geworden war. In dem Jahrzehnt von 1820 bis 1830, das in seiner Zerfahrenheit zwischen alter und neuer wirtschaftlicher Gestaltung so meisterhaft Immermanns Epigonen schildern, war es eben dieser Staat England, der am nachhaltigsten von einer nationalen Handelseinheit zu einer internationalen Verkehrsfreiheit überging und noch nach einer anderen weittragenden Richtung seinen Einfluss auf die wirtschaftliche und soziale Entwickelung unseres Volkes zur Geltung brachte.

Neue Forschungen haben zwar ergeben, dass in Sachsen die Baumwollspinnerei eher aufgekommen war als in England, aber dieses gewann nach dem Dreissigjährigen Krieg einen bedeutenden Vorsprung vor der deutschen Industrie. So kann man doch immer noch sagen: Die grosse industrielle Revolution, die eine neue Gesellschaft zeitigen sollte, ist auf englischem Boden erstanden. Eine andere Welt that sich auf, als im

Jahre 1589 William Lee, um seiner Geliebten Zeit zu ersparen, die Strumpfwirkmaschine erfand, die in der Minute 1500 Maschen stricken konnte, und als dann immer mehr allenthalben die Maschinenarbeit die Menschenarbeit verdrängte. Die Gelehrsamkeit, vordem in Spekulation und Selbstbeobachtung versenkt, blickte umher in der Natur und strebte deren geheimnisvollen Kräfte zu ergründen, die unendliche Mannigfaltigkeit der Erscheinungen in die ununterbrochene Kette eines Systems zu zwingen und bereits im achtzehnten Jahrhundert die praktische Verwertung der beiden Wissenschaften Physik und Chemie für die neue Wirtschaftsweise zu erleichtern.

Aber die industrielle Revolution brach doch dann erst mit voller Macht herein, als es zuerst Ende des achtzehnten Jahrhunderts in England gelang, die Dampfkraft in den Dienst der Produktion zu stellen und damit die Betriebskräfte früherer Arbeitsmaschinen, menschliche, tierische und atmosphärische Motoren, durch einen Kraftmotor zu ersetzen, dessen Verwendungsgrenze in die Unendlichkeit gesteigert werden konnte und dessen Mitwirkung, wie Levasseur für Frankreich berechnete, die Leistungsfähigkeit der Menschen verzehnfacht hat. Auf Schienensträngen und Wasserwegen trat die Technik ihren Siegeszug an über die Erde des neuen Jahrhunderts, und neben dem Dampf hat die Elektrizität den Erdball mit ihrem feinen Netz umsponnen und Gedanken und Sprache der Menschen von Ferne zu Ferne getragen. Immer mehr überbrückten die entfesselten Naturkräfte Raum und Zeit, die noch einem Kant als angeborene Kategorieen erschienen waren, und daneben konzentrierten die internationale Arbeitsteilung, die Ausbildung des Bank- und Kreditwesens immer energischer Raum und Zeit. Zugleich bildete sich unter der Entwickelung Amerikas, dessen geologische Struktur, Klima und wirtschaftliche Ursprünglichkeit fördernd ins Gewicht fiel, der Stille Ozean allmählich zu einem weitmaschigen Verkehrsnetz heran, die abendländische Kultur drang von Osten her auf die ostasiatische. Der Weltmarkt erstand, der die wirtschaftlichen Interessen der Völker weit hinaus über die Grenzpfähle der einzelnen Länder und Kontinente verbunden und die ganze Menschheit in wirtschaftlichen Zusammenhang gestellt hat.

Durch alles das war es dahin gekommen, dass ein Monopol an Lebensgütern irgendwelcher Art nicht mehr bestehen konnte, dass aber zugleich die kaufmännische Spekulation in den Vordergrund des Wirtschaftslebens trat. Und indem jetzt der Arbeiter, der vordem in seinen vier Wänden auf eigene Rechnung und Gefahr seinen Unterhalt erwarb, Arbeit und Lohn mit unzähligen Anderen in der Fabrik nach festen Normen sich verdienen musste, klaffte der Schlund zwischen Kapital und Arbeit empor, und das Streben, die Not jedes Einzelnen zu heben, wandelte den Segen der bezwungenen Natur zum Kampf zwischen denjenigen, die miteinander am Anbruch der neuen Zeit gearbeitet hatten.

Dass aber ausser den also gezeitigten Gegensätzen zwischen grundherrlicher und industrieller Gesellschaft, zwischen Aristokratie und Industrie auf der einen und Kapital und Arbeit auf der anderen Seite noch ein anderer eindringender Widerstreit den harmonischen Zusammenklang des Soziallebens störend durchsetzte, liegt auf der Hand. Es ist eine interessante Entwickelung, die nach zwei Seiten hin verlief: der politische Prozess, den unser Jahrhundert durchfocht und mit der Bildung von Nationalstaaten krönte, ohne jeglichen Zusammenhang mit dem wirtschaftlichen Prozess, der in der Ausbildung der Weltwirtschaft gipfelte: ein Gegensatz, der in unseren Tagen aufgebrochen ist und zu dem sehnlichen Wunsche der deutschen Landwirtschaft führte, ihre Existenz inmitten der allerdrückenden modernen Weltwirtschaft zu sichern, ein Gegensatz, der aber geheimnisvoll unfassbar die Sozialgeschichte der ganzen letzten hundert Jahre durchzieht. Die Frage, wie sich alle diese Gegensätze zu einander verhalten und in Einklang bringen lassen, scheinbar theoretisch und doch so ganz ausschliesslich praktisch lösbar, ist es, die befruchtend und zugleich zersetzend fortwirkte von einem Gelehrtengeschlecht auf das andere, von einer Generation arbeitender Schicksalsgenossen auf die andere, von einer Schule der Staatskunst und Sozialpolitik auf die andere. Eine Zeit zog herauf, reich belebt und wunderbar gestaltungsfroh wie keine zweite in der Geschichte der Menschheit, aber auch reich an kleinlichen Hoffnungen und überwältigenden Täuschungen, an missglückten politischen und sozialen Versuchen, an verfrühter Verallgemeinerung und verspäteter Gerechtigkeit, an skeptischer Oberflächlichkeit, gewissenloser Gefühlsarmut und innerer Entfremdung.

Wer mit Lorenz von Stein als Inhalt der Gesellschaftswissenschaft lediglich die Beziehungen betrachtet, die durch die Verteilung des Besitzes hervorgerufen worden sind, und nach volkswirtschaftlichen Gesichtspunkten die soziale Gemeinschaft gruppiert, der mag allein in den eben gezeichneten wirtschaftlichen Zusammenhängen die Grundlage der sozialen Entwickelung unseres Jahrhunderts in Deutschland aufsuchen. Wer aber dem eigentlichen Werden und Wachsen der sozialen Neugestaltung unserer Zeit verständnisvoll nachgräbt, dem wird die politische Missstimmung, die sich schon kurz nach den Befreiungskriegen zeigte und in jener von Schleiermacher gerügten allgemeinen Auswanderungswut sich entlud, als der Nährboden erscheinen, in dem die Keime wirtschaftlicher und sozialer Unzufriedenheit sich festsetzen konnten.

Das nach der Reformarbeit und Kriegsaufopferung erschöpfte und gelähmte deutsche Volk war zunächst zur politischen Teilnahmslosigkeit, zur kraftlosen Schwäche der Resignation verdammt.

In der mystischen sensationshungrigen Schwärmerseele des Czaren Alexander hatte der zärtliche Prophetengeist der Frau von Krüdener, den Goethe so wenig zartfühlend und doch so richtig beurteilte, Ideen angeregt, die ihn am 26. September des Jahres 1815 die „heilige Allianz" gründen liessen. Die drei Monarchen von Russland, Oesterreich und Preussen verbanden sich nach dem von Alexander selbst entworfenen Aktenstück, um „als Bevollmächtigte der Vorsehung ihren Unterthanen gegenüber als Familienväter dieselben im Geiste der Brüderlichkeit zu leiten, um Religion, Gerechtigkeit und Frieden zu beschützen". Der Geist des christlichen Staates in Gestalt des byzantinischen Cäsaropapismus, eine konsequente Durchführung des fürstlichen Absolutismus des achtzehnten Jahrhunderts, lebte damit von neuem auf: welch ein Anachronismus in diesen Zeiten, die soeben erst dem modernen Staatsgedanken der Reformation in Deutschland einen glänzenden Sieg bereitet hatten!

Indessen „die von Eitelkeit erfundene Theaterdekoration", wie Gentz schonungslos den Fürstenbund nannte, blieb keineswegs jener zärtlich liebende Bund der Gerechtigkeit und Friedfertigkeit, wie ihn Alexander träumte. Dem Fürsten Metternich gebührt der Ruhm, die heilige Allianz zu jener wechselseitigen Versicherungsanstalt der Regierungen umgewandelt zu haben, die jegliche Geistesfreiheit und unbequeme politische Richtung mit staatlichen Zwangsmitteln unterdrückte. Leider fehlte der Staatsmann in Deutschland, der wie Canning sein England von der geschichtstötenden Kabinettspolitik der heiligen Allianz unabhängig gemacht hätte. Jetzt brach bei uns vielmehr die unselige Zeit an, da staatliche Bevollmächtigte die Vorträge der Universitätslehrer überwachten und harmlose Studentenverbindungen mit einem wahren Feuereifer als politische „Giftquellen" verfolgten, eine Zeit, in der keine unter 20 Bogen starke Druckschrift in einem deutschen Bundesstaat ohne Vorwissen und vorgängige Genehmhaltung der Landesbehörde zum Druck befördert werden durfte. Nichts Geringeres hat der österreichische Staatskanzler fertig gebracht, als die Bundesversammlung zur spionierenden Polizei= behörde herabzuwürdigen und die Verwirklichung der konstitutionellen Staatsform ad Kalendas Graecas zu vertagen.

Und derweilen die Bundesgesandten die schönsten und rührendsten Reden hielten und Metternich selber posaunte, „die Zeit schreitet in Stürmen vorwärts, ihren ungestümen Gang gewaltsam aufhalten zu wollen, wäre ein eitles Unternehmen", geschah reinweg nichts für eine deutsche Seemacht, für die Beseitigung unverschämter Seeräuberei an deutschen Küsten, für die Gleichstellung des deutschen Kaufmanns mit dem Handelsmann anderer Nationen, für die Erfüllung all der wohlverdienten Hoffnungen des Ge= schlechtes der Befreiungskriege. Die Zeit war doch um nichts besser als jenes Ende des siebzehnten Jahrhunderts, wo die deutschen Reichstags= gesandten in kleinlichen Weitläufigkeiten über Besuche und Gegenbesuche, über Sesselbezüge und Tafeldekorationen stritten, während der französische König, begrüsst von den Simeonsworten des verräterischen Strassburger Bischofs, in das herrliche Münster seinen Einzug hielt.

Ueber dem deutschen Volksleben lag es seit den zwanziger Jahren unseres Jahrhunderts wie teilnahmslose stumpfe Lethargie: man hatte aufgehört, für Deutschlands Gegenwart zu arbeiten, für Deutschlands Zukunft zu hoffen. Die Einen erstickten ihr Missbehagen in den betäubenden Vergnügungen jener Picknicks, Karnevalfestlichkeiten und Schlittenpartieen, die zuerst in den lebenslustigen Salons der Fürstin Metternich und der pikanten Gräfin Zichy zur Zeit des Wiener Kongresstreibens ausgeheckt worden waren, die anderen erfreuten sich an den tändelnden Weisen Rossinis, der so gern delikates Backwerk ass, an der lüsternen und verlogenen Almanachpoesie eines Clauren, an den glatten Flötenvariationen und Potpourris reisender Musikanten. Tiefere Naturen versanken in die Weltschmerzlichkeit der Dichter des jungen Deutschland, fühlten sich als Kranke, die jahrelang im Krankenzimmer darniederlagen, trauerten über den allzuzeitig erloschenen Sonnenglanz oder klagten, dass stets die Helden „den tierisch rohen Mächten unterliegen". Die Besten und Stärksten noch, die verzichten mussten, die Gebilde ihrer Phantasie in die Wirklichkeit zu übertragen und sich doch nicht zur auffrischenden „Herrenmoral" der Entsagung bekennen mochten, kehrten ins Mittelalter zurück, wie vordem der selbstzerfallene Mensch des Mittelalters ins Kloster flüchtete, und schwelgten in farbenglühenden Bildern von einstiger Reichsherrlichkeit, von Glaubensmut, Thatenlust, Sittenreinheit und „ewig gestriger" Pietät.

Allenthalben die absolute Gleichgültigkeit gegen das sträfliche Treiben derer, die „die Ruhe, Würde und Wohlfahrt der zukünftigen Generation" auf so merkwürdige Art zu begründen unternahmen, und neben physischem Unmut und Ekel das Gefühl der unbefriedigenden Nichtigkeit der Gegenwart. Wenn die Sozialdemokratie unserer Tage darüber klagt, dass die Wissenschaft so wenig gethan habe, um dem unzweifelhaften Bildungsbedürfnis der grossen Massen Genüge zu thun, so ist das weniger die Folge von dem Stolz oder der Selbstbescheidung der wissenschaftlichen Forscher, als das Ergebnis des Metternichschen Systems, das, soviel an ihm lag, daran gearbeitet hat, dass der Zusammenhang zwischen Leben und Wissenschaft untergraben und die trübe Unwissenschaftlichkeit auf den Thron gesetzt wurde.

Genug, die Unzufriedenheit mit der politischen Gegenwart war der Nährboden, auf dem die sozialen und wirtschaftlichen Gegensätze des industriellen Jahrhunderts üppig ins Kraut schiessen konnten, und die Entwickelung erreichte gerade ihr Ziel mit der Ausbildung einer **politischen Partei des Proletariats.**

Der Haupthebel dieser Entwickelung war Ferdinand Lassalle, ein geistreicher, hochgebildeter und echt nationaler Mann, der zuerst in seiner berühmten Rede vom 12. April 1862 vor den Handwerkern der Oranienburger Vorstadt Berlins dem vierten Stande die Heldenrolle auf der weltgeschichtlichen Bühne zugewiesen hatte und dann auf Vortragsreisen, in Broschüren und gerichtlichen Verteidigungsreden die deutschen Arbeiter aufrüttelte, bis sie im Mai 1863 sich zu dem „Allgemeinen deutschen Arbeiterverein" zusammenschlossen. Wenn der pathetische Arbeiterdiktator auch das ganze Erbrecht für ein einziges grosses Missverständnis erklärte, eine Agitation wie die Richard Cobdens gegen die Kornzölle plante, Staatskredit für Produktivassociationen verlangte, die die gesamte Arbeiterwelt umfassen sollten, und für das allgemeine gleiche Wahlrecht eintrat, so stand er doch fest auf dem Boden der geschichtlich gewordenen Zustände der Zeit und erstrebte auf friedlichem und gesetzlichem Wege die Hebung des vierten Standes. Aus dem Bunde zwischen der höchsten Elite der Wissenschaft und dem gesunden unverbrauchten Verstande der grossen Arbeitermasse sollte die „Weltwende sondergleichen emporwachsen", und die Idee, der er zustrebte, war nach Bismarcks Worten „das deutsche Kaisertum". „Nur", so fährt Bismarck fort, „ob das deutsche Kaisertum gerade mit der Dynastie Hohenzollern oder mit der Dynastie Lassalle abschliessen sollte, das war ihm vielleicht zweifelhaft."

Lassalles persönliche und allzeit paradierende Eitelkeit, die ihn einst weg vom Kaufmannstische des Vaters in die Hörsäle eines Fichte und Hegel getrieben hatte, war auch schuld, dass sein Arbeiterverein nicht genügend gefestigt war, um in den Stürmen, die nach des Gründers Tode hereinbrachen, dessen Werk rein und lauter fortzuführen. Keiner der Männer, die sich inmitten des Wirrwarrs und wüsten Hexensabbats im Verein erhoben, vermochte den Siegeszug der „Internationalen Arbeiterassociation" aufzuhalten, die im Jahre 1864 zu London begründet worden war und auf dem Genfer Kongress von 1866 die Emancipation der Arbeiterklasse weder für „eine lokale, noch eine nationale, sondern für eine gesellschaftliche Aufgabe" erklärt hatte, die durch die Arbeiter selber durchgekämpft werden müsste. So endigte denn der Streit innerhalb des Lassalleschen Vereins in dem Jahrzehnt von seinem Tode bis zum Gothaer Kongress des Jahres 1875 mit dem Sieg des internationalen Kommunismus von Karl Marx über den nationalen Sozialismus von Ferdinand Lassalle.

Die beiden sozialen Errungenschaften dieser Jahre, die einst die Arbeiterführer gefordert hatten, die Freizügigkeit sowohl wie das allgemeine Stimmrecht, haben die Bewegung nicht niedergehalten. In Gotha proklamierte die „sozialistische Arbeiterpartei Deutschlands" die Verwandlung der Arbeitsmittel in Gemeingut der Gesellschaft, die Abschaffung des Systems der Lohnarbeit, den freien Staat und die sozialistische Gesellschaft und bekannte, dass die Partei, wenn auch mit allen gesetzlichen Mitteln zunächst im nationalen Rahmen wirkend, sich des internationalen Charakters der Arbeiterbewegung bewusst und entschlossen sei, alle Pflichten, welche dieser den Arbeitern auferlegt, zu erfüllen.

Lassalle hatte in den sechziger Jahren einmal in einem Briefe ausgesprochen: „Von Kindesbeinen an bin ich Republikaner. Und trotzdem oder vielleicht gerade dadurch bin ich zu der Ueberzeugung gekommen, dass nichts eine grössere Zukunft und eine segensreichere Rolle haben könnte als das Königtum, wenn es sich nur eben entschliessen könnte, soziales Königtum zu werden". Der diesen Ausspruch gethan hat, musste wenig wissen von den sozialen Grossthaten, die ein Königtum in Deutschland seit den Tagen des Grossen Kurfürsten still und ohne viel Redens vollbracht hatte. Wenn jetzt das Königtum der Hohenzollern der ungeheuren sozialen Wandlung des neunzehnten Jahrhunderts gegenüber Stellung nehmen wollte, so bedurfte es nicht erst noch des Entschlusses, soziales Königtum zu werden, sondern einzig des Entschlusses, soziales Königtum zu bleiben. Fern von den eschatologischen Phantasien eines schrullenhaften Utopismus und nicht mit dem Versprechen, eine soziale Weltwende und eine neue gerechtere Weltordnung heraufzuführen, trat der Hohenzollernstaat an das grosse Problem heran, sondern in dem festen Vorsatz, den Schiller in die Worte gekleidet hat: „Lebe mit deinem Jahrhundert, aber sei nicht sein Geschöpf; leiste deinen Zeitgenossen, aber nicht was sie loben, sondern was sie bedürfen".

Dass die Hohenzollern nicht der heranwachsenden sozialistischen Bewegung von vornherein die Spitze abzubrechen suchten, indem sie die Saat zum Keimen brachten, ohne dass sie von dem gleichzeitig ausgestreuten Unkraut erstickt worden wäre, das lag an den politischen Verhältnissen des neunzehnten Jahrhunderts. Die Frage um die politische Neugestaltung der Nation stand im Vordergrund des nationalen Lebens, und anderseits war nur von ihrer Lösung eine zielsichere, einheitliche und gedeihliche Sozialpolitik abhängig, gerade der Partei gegenüber, die in den trüben politischen Zuständen nach ihren Anhängern gefischt hatte. Zudem entfachte das weittragende politische Problem nochmals einen heftigen Gegensatz zwischen den alten sozialen Kräften des preussischen Staates, und über diesem erschien lange Zeit der Gegensatz, in dem beide Gruppen gegenüber der neuen sozialen Schicht des Jahrhunderts standen, nicht so bedeutend, dass er sofort die Gesetzgebung auf den Plan gerufen hätte.

Vielgestaltig waren die Mittel und Wege, die eingeschlagen wurden, um Deutschlands politisches Leben umzuformen, die heterogensten Elemente unseres Volkes thaten sich als Träger der Fortentwickelung hervor und wagten sich an das verhängnisvolle Experiment, den alten Bau auszubessern mit dem unsoliden Zierat einer im Stil noch schwankenden Zeit. Die deutsche Nationalversammlung hat zunächst im grossen Bürgerjahr von 1848 den Beschluss gefasst, Friedrich Wilhelm dem Vierten die Kaiserkrone zu übertragen, aber wie das alles ausgeführt werden sollte bei dem unleugbar vorhandenen Dualismus zwischen Preussen und Oesterreich, das wussten die eifrigen Berater der Grundrechte nicht zu sagen. Und es war nur ein Glück, dass, wie die Dinge lagen, Friedrich Wilhelm abgelehnt hat. Drei Gefühle bewegten ihn zu seiner Weigerung, das spezifische Preussentum, die Rücksicht auf Oesterreich und der Abscheu vor der Revolution, aber hinter dem scheinbar so weltfremden und bürgerfeindlichen Idealismus des Königs lag doch sehr viel praktischer Realismus verborgen. Eine Inblankoanweisung auf eine unsichere und noch vollständig ungeklärte Zukunft und die bedingungslose Verantwortlichkeit für ein ganzes Heer von Krisen und Konflikten konnte dem Staat Friedrichs des Grossen nicht die Möglichkeit verschaffen, die deutsche Reform erfolgreich zu Ende zu führen. Gerade die Geschichte des Jahres 1850 zeigt genügend deutlich, wie wenig Preussen durch Versammlungsbeschlüsse und Kongressverhandlungen allein die deutsche Frage zu lösen vermochte, die Olmützer Punktationen bedeuteten den ersten demütigenden Versuch Oesterreichs, Preussen seine Stellung in Deutschland zu erschweren und die Durchführung der Einheitsideen von 1848 zu verhindern.

So war es denn selbstverständlich, dass sowohl dem Unternehmen der Mittelstaaten und ihrer Würzburger Konferenz von 1859 wie dem von Oesterreich veranstalteten Frankfurter Fürstentag des Jahres 1863 Preussens Widerspruch zu teil werden musste. Die Logik der Geschichte hatte erwiesen, dass die Idee des Bürgertums von 1848, die das notwendige Fazit aus der Entwickelung des Hohenzollernstaates gezogen hatte, so lange nicht verwirklicht werden konnte, solange man mit den verbrauchten Mitteln des alten Bundes eine Neugestaltung Deutschlands erreichen wollte und solange der Dualismus Oesterreich=Ungarns den deutschen Dualismus zu beseitigen strebte. Nur dann vermochte Preussen das Erbe des Deutschen Zollvereins unverkümmert auf politischem Gebiet zu behaupten, wenn es gelang, den Staat der Ruthenen und Slovaken nicht länger als die letzte Instanz für die Beurteilung der deutschen Gesinnungen Preussens gelten zu lassen. Der Gordische Knoten war nicht zu lösen mit geduldiger Handfertigkeit und geschickten Kunstgriffen, sondern musste mit dem Schwert zerhauen werden.

In drei Kriegen haben Wilhelm der Erste und Otto von Bismarck Oesterreich und Frankreich verhindert, den Grundgedanken, den die deutsche Volksvertretung im Jahre 1848 aus der preussischen Sozialgeschichte der letzten zweihundert Jahre entnommen und gestaltet hatte, in seinem organischen Fortgang aufzuhalten. Im Verlauf von sieben erfolgreichen Jahren sollte Deutschland endlich die Früchte pflücken, deren Kerne sieben andere Kriegsjahre des achtzehnten Jahrhunderts gepflanzt hatten, und die Wahrheit des Wortes endlich inne werden, das Bismarck im Jahre 1858 geschrieben: „Es giebt nichts Deutscheres als gerade die Entwickelung richtig verstandener preussischer Partikularinteressen".

Wie wunderbar und unauflöslich erscheint der treue Bund der beiden Männer, die Deutschland in den Sattel gehoben haben, beide einander ergänzend im richtigen Ebenmass ihrer Naturen. Dort König Wilhelm, der in seltener Weise die drei Eigenschaften besass, die Goethe an Karl August als die höchsten fürstlichen Tugenden hervorhebt: „Die Gabe, Geister und Charaktere zu unterscheiden und jeden an seinen Platz zu stellen". Dann: „Beseelt von dem edelsten Wohlwollen, von der reinsten Menschenliebe, dachte er immer zuerst an das Glück seines Landes und zuletzt erst ein wenig an sich selber". Und schliesslich: „Er war grösser als seine Umgebung. Neben zehn Stimmen, die ihm über einen Fall zu Ohren kamen, vernahm er die elfte bessere in sich selber". Und hier der Kanzler, auf den die Bemerkungen, die 1861 der Fürst von Hohen= zollern an Max Duncker schrieb, wie gemünzt erscheinen: „Um gründlich zu helfen, gehört dem Könige gegenüber ein eiserner Charakter, der rück= sichtslos die edlen Seiten desselben ignorierend oder ihnen Schach bietend auf das Ziel hinarbeitet, welches als das dem Staatswohl entsprechende anerkannt wird". So war „der Zwingherr zur Deutschheit", den der alte wunderliche Jahn einst ersehnt hatte und von dem er verkündete, „den Waltschöpfer und Einheitsschaffer verehrt jedes Volk als Heiland und hat Vergebung für alle seine Sünden".

Die Kriegsstürme von 1866 beendigten die Territorialgeschichte in Deutschland, sicherten die Zukunft der deutschen politischen Einheit und eröffneten nach Lösung der politischen Verbindung Oesterreichs mit Deutsch= land die Möglichkeit einer einmütigen deutschen Kulturarbeit zwischen Deutschland und Oesterreich. „Der Deutsche ist eckig und ungelenk", so bemerkt einmal Richard Wagner, „eckig und ungelenk, wenn er sich manierlich geben will: aber er ist erhaben und Allen überlegen, wenn er in das Feuer gerät." Auf jene erste Aeusserung der Natur des Deutschtums folgte seit 1866 die Bethätigung seines tiefsten Wesens: seit 1866 geriet das Deutschtum ins Feuer — und da war es Allen überlegen. Das Bürgertum, durch die gewaltigen Erfolge und die Indemnitätsforderung der preussischen Regierung entschädigt für ernste Zeiten parlamentarischen Kampfes, und der Adel, dem sich fortan ein neuer reicher Wirkungskreis erschloss, haben in ununterbrochener Zusammenarbeit den Bau der Zukunft emporgetürmt. Erst mit dem Jahr 1866 hat Deutschlands hoher Adel wieder die Bedeutung in der Geschichte unseres Volkes gewonnen, die er seit dem Westfälischen Frieden eingebüsst hatte, erst jetzt haben Männer wie König Albert, Grossherzog Friedrich und Fürst Hohenlohe ihre Kraft in den Dienst des Reiches gestellt und die Wiederkehr des Zeitalters der Ottonen und der Staufer eröffnet. Und weiter: Der Wirtschaftshistoriker Karl Wilhelm Nitzsch weist einmal darauf hin, wie Bismarck und Moltke beide von der Mutter her aus bürgerlichem Hause hervorgegangen sind, und Bismarck selber betonte kurz nach dem Frieden von Nikolsburg, „dass er zum Kanzler eines Norddeutschen Bundes gerade die richtige Mischung Blut in sich habe, da er väterlicherseits vom preussischen Edelmann und mütterlicherseits vom Leipziger Gelehrten abstamme". Es war eine wunderbare Lebenserfahrung, die dem deutschen Volk an der Schwelle seiner grössten politischen Zeit persönlich greifbar beschieden wurde, dass nur aus der sozialen Vereinigung des Hohenzollernkönigtums mit dem Adel und Bürgertum die Neugestaltung des deutschen Lebens zur Zufriedenheit Aller dauernd kraftvoll erblühen könne.

Die Jahre 1870 und 1871 bereiteten dem deutschen Drama auf der Weltbühne eine heldenmütig verklärte einzigartige Lösung. In dem prunkvollen Königsschlosse zu Versailles, von wo vor zwei Jahrhunderten der fürstliche Absolutismus seinen lähmenden Siegeszug nach unserem Vaterlande angetreten hatte, wurde jetzt der Vertreter des modernen Staatsgedankens von dem Volke in Waffen auf den Kaiserschild erhoben, und die Weissagung des starkknochigen Recken mit der flatternden Mähne, Friedrich Rückerts, einst werde doch noch in der alten Reichsstadt Strassburg ein deutsches Fürstenschloss erstehen, näherte sich ihrer Erfüllung. Mehr noch als der Befreiungskrieg war dieser klare thatkräftige Krieg zugleich ein Kampf um Deutschlands soziale Einheit geworden, im glühenden Feuer des Völkerringens wurde der schnöde Partikularismus vergangener Schmachzeiten zusammengeschmolzen, und geläutert flutete die unversehrte deutsche Volkskraft in die heimischen Gaue zurück. Nur eine grosse Frage hinterliess das grosse Jahr: wird das deutsche Volk in sich selber die Kraft finden, seine Vergangenheit auszugleichen mit den erhebenden Errungenschaften der Gegenwart, wird es begreifen, dass dieses Preussen nicht durch eine Augenblickslaune des Geschicks, sondern durch seine soziale Arbeit seit dem Dreissigjährigen Krieg berufen war, Deutschlands Kaiserkrone zu tragen, und wird es sich aufmachen, um mit dem sozialen Geist des Hohenzollernstaates sein ganzes Schaffen und Denken zu befruchten und zu veredeln?

Die Fieberregung der Gründerperiode, da Viele im Volk mindestens eine von den fünf Milliarden in der Tasche zu haben glaubten, schien eine unheilvolle Antwort auf diese Frage zu geben, aber wie eine Kinderkrankheit um ein gut Teil leichter als die Wehen der Kipper- und Wipperzeit des siebzehnten Jahrhunderts ging der wirtschaftliche Leichtsinn dahin. Bedrohlicher und unheimlicher gestaltete sich das Wachstum des internationalen Kommunismus auf deutschem Boden. Nach dem Kriegsjahr im Niedergang, hatte die ihn verfechtende politische Partei auf dem Gothaer Kongress von 1875 sich fest konsolidiert und bei den Reichstagswahlen vom 10. Januar 1877 über 9,1 % aller gültigen Stimmen verfügt. Wie verworren und verbittert die Stimmung in diesen Kreisen war, das hatte schon vor Jahren der Novellendichter Schweichel gezeigt, als er ausrief: „Nationalliberale, Konservative, Bourgeoisie und Demokratie suchen durch Schmeicheleien gegen die Arbeiter nur selbst zur Herrschaft zu gelangen. Nach dem Siege wird man den Arbeiter mit Hohn hinwegweisen oder im besten Fall zwischen die Ketten und seine wundgedrückten Glieder die

Watte der Almosen schieben, der Suppenanstalten, Hospitäler, Armenhäuser und Krankenkassen". Wenn ein solcher Irrglaube, der auch in Gotha in dem unklaren Satze, dass der Arbeiterklasse gegenüber alle anderen Klassen nur eine reaktionäre Masse sind, laut wurde, unter den deutschen Arbeitern an Boden gewann, dann war die Antwort auf die grosse Frage von 1870/71 auf unabsehbare Zeiten vertagt. Eine Arbeiterklasse, die an der Zukunft deutschen Soziallebens von vornherein verzweifelte, konnte nicht, wie doch so nötig war, an ihrem Teil mitwirken, Deutschlands Gegenwart mit Preussens sozialer Vergangenheit auszugleichen. Das Allerunglaublichste geschah, unschuldig ward das Blut des greisen Heldenkaisers selber fürs Vaterland vergossen, und Heinrich von Treitschke durfte fast alle Parteien und Stände dafür mit verantwortlich machen, „die selbstsüchtige Interessenpolitik der Agrarier und Schutzzöllner, den frivolen Dilettantismus der Christlich=Sozialen, die Systemsucht der Nationalökonomen, die sinnliche Weltanschauung der Modephilosophen, das Mammonspriestertum der Börsenwelt, das Hetzen und Wühlen der Ultramontanen, die hämische Tadelsucht der Fortschrittspartei und den verbissenen Hass der Partikularisten". Im letzten Grunde aber trug die Hauptschuld an der qualvollen und betäubenden Verwilderung des Augenblicks jener über seine eigenen Lebensbedingungen hinausstrebende Subjektivismus, der nicht abwarten konnte, bis die Frage, die gelöst werden sollte, spruchreif geworden war. Die ganze schwankende Voreiligkeit der teutonischen Jugendprahlerei nach den Befreiungskriegen lebte in der überspannten Schwärmerei dieses internationalen Kommunismus wieder auf, und es war kein Wunder, dass sie in einer fluchwürdigen wahnumnachteten That sich entlud wie einst das abgeschmackte unreife Teutonentum in der Ermordung Kotzebues durch den phantasieüberhitzten Karl Sand.

Es lag nahe und entsprach auch der Stimmung und der Erwartung der Nation, angesichts des Verteidigungszustandes, in dem Staat und Gesellschaft der sozialdemokratischen Bewegung gegenüber sich befanden, dem Staat die Waffen zu ihrer Bekämpfung in die Hand zu geben. So entstand das Sozialistengesetz vom 21. Oktober 1878, das jede auf den

Umsturz der bestehenden Rechts- und Gesellschaftsordnung gerichtete Agitation verhindern wollte. Charakteristisch genug, dass die Gesetzgeber auch bei diesem Ausnahmegesetz immer wieder betonten, dass der Staat unter allen Umständen bemüht sein müsse, den öffentlichen Frieden und die Eintracht der Bevölkerungsklassen zu schirmen und zu erhalten. Schon öfters hatte der Hohenzollernstaat in vergangenen Zeiten, wenn eine Gruppe seiner Bürger die Begründung seines sozialen Einheitswerkes zu stören unternahm, zu ähnlichen rücksichtslosen Gewaltmassregeln seine Zuflucht genommen, einst in den Tagen des Ständekampfes unter dem Grossen Kurfürsten und wieder im Jahre 1811, als Ludwig von der Marwitz und Graf Finkenstein die Abfassung des Protestes der Lebusischen Stände gegen Hardenbergs Reformen auf der Festung Spandau hatten bereuen müssen. Und auch im Jahre 1878 veranlassten nicht philosophische Reflexionen, sondern die Pflicht der Selbsterhaltung und der Vorsatz, die endlich erkämpfte soziale Einigung Gesamtdeutschlands zu behaupten, den Führer des Einheitswerkes, der unzufrieden irrenden Zeit eine feste und sichere Ordnung zu geben.

Freilich, das edel empfindende Menschentum des ersten Kaisers konnte sich nicht darauf beschränken, den gewordenen Verhältnissen sich entgegenzustemmen, sondern fühlte ganz die grosse historische Pflicht, auf eine Aenderung der wirtschaftlichen Notstände hinzuarbeiten. Von Jugend auf war gerade das Denken dieses Hohenzollern auf sozialpolitischem Untergrunde erwachsen, schon damals, als der Achtzehnjährige in seinem Konfirmationsgelöbnis bekannte, „ich will ein aufrichtiges und herzliches Wohlwollen gegen alle Menschen, auch gegen die Geringsten bei mir erhalten und beleben", und dann wieder fünf Jahre später, als er bei Beratung der Steuergesetze Hardenbergs die Erwägung anstellte, „ob nicht die reicheren Klassen der Nation zur Erleichterung des ärmeren Volkes mehr anzuziehen seien". Fürst Bismarck hat im Jahre 1878 vor dem Reichstag ausgesprochen, dass der Kaiser für das Schicksal der arbeitenden Klassen ein natürliches, angeborenes Wohlwollen und Fürsorge hat, und erzählt, dass sein königlicher Herr sogar in den sechziger Jahren mit seinen Privatmitteln den Versuch wagen wollte, ob auf dem Wege, den Lassalle mit den Produktivassoziationen einzuschlagen gedachte, das Los der Arbeiter gebessert werden könne. Es waren Gedankenkreise, aus denen heraus einer seiner Vertrautesten, Moltke, einmal das Wort schrieb: „Die dringend nötige Sozialreform kann nur durchgeführt werden von oben herab durch ein starkes Königtum, welches den Willen und die Macht dazu besitzt".

Seit dem Ende der siebziger Jahre hatte die Wirtschaftspolitik des Reiches auf allen Gebieten die alten manchesterlichen Pfade verlassen, und der Staat war bestrebt, die gesamten Lebenszwecke seines Volkes unter seine schützende Hand zu nehmen, die Uebelstände der Gesellschaft nach Möglichkeit zu beseitigen. Es ist bekannt, welchem Widerstand Bismarcks Plan, das Tabakmonopol einzuführen, im Reiche und im Reichstag begegnete. Aber zu diesem Plan veranlasste den Kanzler nicht allein die Besteuerungsform des Monopols als solche, die ihm besonders wünschenswert erschien (so glaubte der Finanzminister Hobrecht 1878 aus seinen Äusserungen zu entnehmen), sondern, wie er selber später gestand, die Absicht, durch das Tabakmonopol die Mittel für die Arbeiterversicherung zu beschaffen und somit die Arbeiter selber nicht zu Beiträgen heranzuziehen.

Die kühnsten Hoffnungen, die Lassalle und Rodbertus gehegt und die Männer des Vereins für Sozialpolitik seit dem Jahre 1872 geweckt hatten, schienen ihrer Erfüllung entgegenzureifen, als am 17. November 1881 der greise Einiger Deutschlands den Grundstein zum heissersehnten sozialen Einigungswerke legte. In einer Botschaft an den Reichstag betonte Kaiser Wilhelm, „dass Heilung der sozialen Schäden nicht ausschliesslich im Wege der Repression sozialdemokratischer Ausschreitungen, sondern gleichermassen auf dem der positiven Förderung des Wohles der Arbeiter zu suchen sei. Wir halten es für unsere kaiserliche Pflicht, dem Reichstag diese Aufgabe von neuem ans Herz zu legen, und würden mit um so grösserer Befriedigung auf alle Erfolge, mit denen Gott unsere Regierung sichtlich gesegnet, zurückblicken, wenn es uns gelänge, dereinst das

Bewusstsein mitzunehmen, dem Vaterlande neue und dauernde Bürgschaften seines inneren Friedens und den Hilfsbedürftigen grössere Sicherheit und Ergiebigkeit des Beistandes, auf den sie Anspruch haben, zu hinterlassen". Die ganze köstliche Tiefe einer ausgereiften sozialen Lebensanschauung offenbart sich in den goldenen Worten dieser kaiserlichen Botschaft, die als soziale Grossthat der Hohenzollern unmittelbar neben dem Kolonialerlass des Grossen Kurfürsten und dem Edikt der Bauernbefreiung vom Jahre 1807 genannt werden muss. Das Volk in Waffen hatte unter Führung der Hohenzollern den politischen Erbfeind niedergeworfen, das ganze in Treue und Hilfsbereitschaft um den Thron gescharte Volk sollte mit den sozialen Waffen der Opferfähigkeit, des Pflichtbewusstseins und der Gewissenhaftigkeit den Kampf mit dem sozialen Elend aufnehmen und zu siegreichem Ende führen.

Gelegentlich nur tauchen aus früheren Zeiten unseres Jahrhunderts die Versuche gesetzgeberischer Massregeln auf sozialpolitischem Gebiet auf — so aus dem Jahre 1824 die Enquete, die der Minister von Altenstein über die Kinderarbeit in der Rheinprovinz und Westfalen veranlasst hat, der aber erst im Jahre 1839 eine Verordnung folgte, wonach die Beschäftigung von Kindern unter neun Jahren in Fabriken, Berg- und Hüttenwerken verboten wurde. Erst das grosse Jahr 1881 bezeichnet den Wendepunkt zu einer systematischen Sozialpolitik, und die Frucht dieser Wandlung war die gewaltige Arbeiterversicherung der achtziger Jahre, im letzten Grunde die Uebertragung des Verhältnisses des preussischen Staates zu seinen Beamten auf die Arbeiterwelt. Die Arbeiterschutzgesetzgebung brachte die Nutzanwendung der preussischen Sozialgeschichte der letzten beiden Jahrhunderte auf die Gegenwart; was einst der grosse Kurfürst, Friedrich Wilhelm der Erste, Stein und Hardenberg ihrem Beamtentum geleistet hatten, das wurde jetzt der Arbeiterschaft in kaiserlicher Grossmut gewährt. Der monumentale Ausdruck dieser Entwickelung ist das Krankenversicherungsgesetz vom 15. Juni 1883 und das Unfallversicherungsgesetz vom 6. Juli 1884, beiden schloss sich dann ergänzend und vollendend die Alters- und Invaliditätsversicherung vom 22. Juni 1889 an.

Während die Krankenversicherung die Versicherungskosten zwischen Arbeitgebern und Arbeitern teilt, hat die Unfallversicherung der Gesamtheit der Unternehmer die Entschädigungskosten auferlegt, und die Alters= und Invaliditätsversicherung Arbeitgeber, Arbeiter und Staat zur Versicherungs= pflicht herangezogen. Welch eine Wandlung der Dinge, seitdem unter den primitiven Wirtschaftszuständen eines Naturvolkes die ersten Hohen= zollern den Gedanken zu begründen suchten, dass der Einzelne Pflichten habe für den Staat, der ihn schützte und förderte, ja, welche Wandlung selbst seit dem Anfang unseres Jahrhunderts, das den Einzelnen aufrief, wiederum nicht Alles allein dem Staat zu überlassen. Wenn der Staat durch die Unfallversicherung die Wirksamkeit des Arbeitslohnes unabhängig machte von der durch Betriebsunfall unterbrochenen individuellen Arbeits= kraft oder durch die Altersversicherung die in treuer Arbeit verbrauchte Arbeitskraft wertete nach den Zeiten ihrer Leistungsfähigkeit, so gab er dem Arbeiter eben damit im Prinzip die Stellung des Beamten, dessen Gehalt bei vorübergehender Amtsunfähigkeit weiterläuft oder beim Aus= scheiden aus dem öffentlichen Dienst zum Teil fortgezahlt wird. Nicht das Recht auf Arbeit hat also das neue Deutsche Reich wie das friderizianische Preussen proklamiert, auch nicht, wie der Gothaer Kongress von 1875 die Arbeit zur Quelle alles Reichtums erklärt oder behauptet, dass der Lohn für die Arbeit kein ganz verschiedener sein müsse. Aber eins ist doch durch die Arbeiterschutzgesetzgebung von seiten des modernen Staates anerkannt worden, dass jede Arbeit, mag sie nun am Schreibtisch oder am Pflug und Amboss verrichtet werden, gleich geachtet werden muss, wenn es auch nie möglich sein wird, sie gleichmässig zu bezahlen. Im Staat ist jeder redliche Arbeiter seines Lohnes wert, wenn auch nicht jeder des gleichen Lohnes, und Keiner, der treu seine Pflicht gethan, soll darben, wenn ihn ein Unfall trifft oder die lähmende Mattigkeit des Alters be= schleicht. Es giebt keine rechtlich und sozial getrennten Stände mehr in Deutschland, das ruft das grosse Gesetzgebungswerk des sozialen Friedens uns zu, die Wohlfahrt Aller will der Staat gleichermassen pflegen und aus den Mitteln der Gesamtheit die ärmeren Volks=

genossen unterstützen wie seine Beamten, die für die Gesamtheit schaffen und entbehren.

Unter herben Widerwärtigkeiten hatte die Regierung ruhig und in sich gefestigt ihren Weg verfolgt, um die Verheissungen der Kaiserlichen Botschaft zu erfüllen und „die Unsicherheit der wirtschaftlichen Existenz zu beseitigen", mochten auch Parteitaktiker von „Staatssozialismus" reden oder nationalökonomische Theoretiker behaupten, der Staat der Sozialreform nähere sich bereits dem sozialistischen Staat. Und den Wohlgefallen und die innere Befriedigung, die ein einheitlich vollendetes monumentales Gebäude allemal in dem Beschauer erweckt, müssen auch diejenigen unter uns empfinden, die die soziale Wirksamkeit der Hohenzollern gekrönt sehen durch die grosse Sozialreform unserer Tage. Nicht, als ob das Gesetzgebungswerk vollkommen sei bis in alle Einzelheiten. Wie allem Menschenwerk, haften auch diesem mancherlei Schäden noch an, die Arbeiterreform ist selber noch reformbedürftig. Da können die Einen hervorheben, dass der ganze Apparat noch zu schwerfällig und bureaukratisch, zu lästig und ungeschickt sei, Andere darauf aufmerksam machen, dass die Krankenversicherung den sogenannten Saisonarbeitern zu hohe Opfer aufbindet, wieder Andere klagen, dass die Altersversicherung gerade dem Mittelstand beträchtliche Lasten auferlegt oder unnötigerweise von dem Arbeiter den Beweis über Arbeitsleistungen in der Vergangenheit fordert. Aber das haben die Redner des Parlaments wiederholt klar ausgesprochen, dass die Arbeiterversicherung nur unter der Voraussetzung eingeführt worden ist, dass die Erfahrung die Korrektur der Gesetzesbestimmungen übernimmt. Der Einwand jedenfalls, den man der Sozialreform gemacht hat, dass sie Zusammengehörige willkürlich auseinanderreisse und verschiedenartige Elemente, wie Kaufmannsgehilfen, Erdarbeiter und Dienstboten zusammenschmiede, ist mit der stärkste Beweis für die geschichtlich begründete Berechtigung dieser Gesetzgebung. Denn nicht Blutfarbe und Rassenunterschiede trennen die Stände des modernen Staates, dessen Auf- und Ausbau die Hohenzollern vollbracht haben, sondern alle Staatsbürger, die in redlicher Arbeit ihre Pflicht thun, sind voll und gleich geachtete

Glieder der Gesellschaft. Als Kaiser Wilhelm der Zweite im April 1890 bestimmte, dass in Zukunft das Offizierkorps nicht allein aus dem Geburtsadel, sondern auch aus dem Adel der Gesinnung ergänzt werden und auch Söhne ehrenwerter bürgerlicher Häuser zum Offizierstand herangezogen werden sollten, da hat er mit der ihm eigenen Schärfe denselben Gedanken umschrieben, der aus der grossen Arbeiterschutzgesetzgebung hervorleuchtet: Es war das unverlierbare Erbe der preussischen Sozialgeschichte seit den Anfängen des Grossen Kurfürsten, dass die Einheit des Staates identisch ist mit der Einheit aller seiner Stände. Zu unsterblichem Verdienst wird es dem grossen Kaiser und seinem grossen Kanzler für alle Zeiten gerechnet werden, dass sie mit mutiger Entschlossenheit und staatsmännischer Weisheit an der Schwelle des neuen Deutschen Reiches das Ergebnis aus der Sozialgeschichte des Hohenzollernstaates gezogen haben. Wie schlicht und schön mahnte deshalb der greise Karl Gerok, als er nach dem Tode des Heldenkaisers sein Volk aufforderte, zur Totenwacht an die Bahre seines Vaters zu treten:

„Heran auch du! nicht ferne sollst du stehen,
Du Mann der Arbeit mit verschwielter Hand,
Wohl dankbar darfst du Ihm ins Antlitz sehen,
Der dir ein schön Vermächtnis zugewandt:
Die schwere Not der bösen Zeit zu mindern,
Das war die letzte Sorge, die Er trug,
Das harte Los des armen Manns zu lindern,
Der letzte Ruhm, für den sein Herze schlug."

Erfüllt und bewegt von der eigenartigen Thatkraft grosser und guter Ideen hat Kaiser Wilhelm der Zweite das soziale Werk seines Grossvaters nicht nur weitergeführt, sondern gekrönt und vollendet. Doch mehr als das unter der Herrschaft des Sozialistengesetzes sein konnte, erschien nach dessen Beseitigung das Ziel des Kaisers, das ganze deutsche Volk als den stärksten Bundesgenossen zum Kampf gegen das sozialdemokratische Trugbild zu führen. Noch haftet im Gedächtnis der Lebenden der nach=

haltige Eindruck der beiden Februarerlasse vom Jahre 1890. Hier war einmal verheissen, „Gesetzesbestimmungen über die Formen in Aussicht zu nehmen, in denen die Arbeiter durch Vertreter, welche ihr Vertrauen besitzen, an der Regelung gemeinsamer Angelegenheiten beteiligt und zur Wahrnehmung ihrer Interessen bei Verhandlung mit den Arbeitgebern und mit den Organen der Regierung befähigt werden". Drei Jahrzehnte hatte das preussische Volk gerungen, ehe die ersehnte politische Verfassung ihm zu teil geworden war, und drei Jahrzehnte haben die deutschen Arbeiter gearbeitet, ehe ihnen Kaiser Wilhelm eine Konstitution verhiess, die in allen Angelegenheiten des Arbeitsverhältnisses die Gleichstellung von Arbeitgebern und Arbeitnehmern durchzuführen bestimmt war. Als im Laufe des Jahres 1891 im Deutschen Reiche die Gewerbegerichte eingeführt wurden, da war dieses hochwichtige kaiserliche Versprechen glänzend eingelöst: die aus Sachverständigen gebildeten Gerichte mit überaus geringen Verfahrungskosten entschieden fortan endgültig Rechtsstreitigkeiten zwischen Arbeitern untereinander und zwischen diesen und ihren Arbeitgebern und konnten zur Verhütung und Beilegung von Lohnstreitigkeiten und Arbeitseinstellungen bedeutend mehr leisten als die Mundellaschen Einigungsämter in England, weil sie aus allgemeiner Wahl hervorgingen, staatliche Autorität besassen und bei allen Erörterungen, die im Anschluss an die Arbeiterschutzgesetzgebung gepflogen werden mochten, als begutachtende Behörden eine entscheidende Bedeutung gewinnen mussten.

In einem zweiten Erlass vom 4. Februar 1890 hatte Kaiser Wilhelm seine Anschauung bekundet, „dass nur internationale Verständigung der an der Beherrschung des Weltmarktes beteiligten Länder die in der internationalen Konkurrenz begründeten Schwierigkeiten der Verbesserung der Lage unserer Arbeiter abschwächen und überwinden könnten". Darüber durfte ja ein wirtschaftlich Einsichtiger sich schlechterdings keinem Zweifel mehr hingeben, dass keine der Grundlagen der gegenwärtigen internationalen Produktionsordnung ohne Zustimmung aller Staaten weggenommen werden kann und das jede einseitige Lohnbesserung und Erhöhung der

Lebenshaltung der Arbeiter eine Preissteigerung und damit eine Konkurrenz=
erschwerung eines solchen Staates in der internationalen Arbeitsteilung
herbeiführen muss. Nicht diese wirtschaftlichen Erwägungen allein, auch
nicht die internationalen Verbrüderungsgedanken der Sozialdemokratie be=
stimmten den Kaiser zu seiner echt deutschen Lösung des sozialen Lebens=
rätsels unserer Zeit. Nur der deutsche Geist, bahnbrechend in unserem
Jahrhundert auf allen Gebieten der Wissenschaft, zu ungeahnter politischer
Verklärung gelangt seit den sechziger Jahren, unausgesetzt beschäftigt,
mit den Grundsätzen der Billigkeit und Gerechtigkeit dem sozialen Problem
nachzugehen, konnte berufen sein, die gewaltige soziale Friedensaufgabe
für ganz Europa in Angriff zu nehmen, ja er war berechtigt, die Aner=
kennung aller Kulturnationen für seine grosse Arbeiterschutzgesetzgebung
zu empfangen. Einst befähigte das soziale Einigungswerk in seinem
Staate den Grossen Kurfürsten, die politische Neugestaltung Deutschlands
anzuschneiden, die Reformen unter Friedrich Wilhelm dem Dritten über=
trugen seinem Volke die Führerrolle in den Befreiungskämpfen, die Be=
gründung des Zollvereins enthielt die innere Berechtigung für Preussens
Erhöhung im Jahre 1871 und schuf in dieser wiederum die Grundlage
für die reife Gestaltung des Arbeiterschutzes. Wer anders sollte Europas
Sozialpolitik aus romantischen Anfängen und tastenden Versuchen heraus
zu ehrlicher Klarheit und wohlbegründeten Thaten führen als der deutsche
Staat, der unter Leitung der Hohenzollern fest und fertig auf den sozialen
Plan getreten war? Nicht der skeptisch schillernde, in subalterner Schwäche
halb und haltlos dahintaumelnde Erasmus war zum Schöpfer der deutschen
Reformation bestimmt, sondern der unerschrockene, kampfbereite und in
seiner Zielsicherheit so wunderbar bewusste Trutzgeist Martin Luthers.

So traten denn am 15. März des Jahres 1890 die 62 Abgeordneten
von dreizehn Staaten in Deutschlands Hauptstadt zusammen und berieten
in sieben Sitzungen, wie es gelingen könnte, die Arbeiterwelt vor Ueber=
arbeitung, Sittenverwilderung und Vernichtung des Familienlebens zu be=
schützen. „Nach der Ansicht des Kaisers", so führte der Minister von
Berlepsch aus, „verlangt die Arbeiterfrage die Aufmerksamkeit aller civili=

sierten Nationen, sobald der Friede der verschiedenen Bevölkerungsklassen durch den infolge der industriellen Konkurrenz auftretenden Kampf bedroht erscheint." Und durch alle die Beratungen über Sonntagsarbeit, Kinderarbeit, Arbeit jugendlicher Arbeiter, Frauenarbeit, zieht sich der deutschen Reformation entstammend dieser echt hohenzollernsche Grundgedanke, das Familienleben zu schützen, die Arbeit zu stützen, die wirtschaftlich Schwachen zu schirmen, der Bedrohung des Friedens der Bevölkerung zu steuern und die soziale Einheit in jedem Volke unverkümmert zu erhalten und ungefährdet auszubauen.

Wie so ganz anders lagen doch die Dinge seit dem Anfang des neunzehnten Jahrhunderts, da in goldgestickten Uniformen strotzend die Männer des Wiener Kongresses über Staatenbildung und Fürstenentschädigungen ihre langatmigen Sitzungen abhielten und dem unseligen Metternichschen System den Nährboden bereiteten für seine Demagogenriecherei und Volksverfolgung! Jetzt entschieden in dankbarer Anerkenung der Weisheit der deutschen Krone ernste und arbeitsame Vertreter der europäischen Kulturstaaten im Bürgergewande ein für allemal die grosse Frage des Jahrhunderts, dass ein Arbeiterschutz berechtigt und notwendig sei. Es war demgegenüber völlig gleichgültig, in welcher Weise und bis zu welchem Grade die einzelnen Staaten der Anregung dieses Kongresses Folge leisten würden. Das Deutsche Reich ist jedenfalls weitergeschritten auf seinem sozialen Ruhmeswege und hat namentlich den Grundsatz weitesten Schutzes für die Frauen, die jugendlichen Arbeiter und Kinder unter 13 Jahren zur Durchführung gebracht.

Die Berliner Arbeiterschutzkonferenz hat den wuchtigen Schlussstein eingefügt in das Sozialwerk von Jahrhunderten. Wie seltsam unhistorisch gemahnt es uns doch, wenn der Sozialdemokrat Hermann Bahr die Hoffnung aussprach, das Geschlecht der Hohenzollern werde ein Königtum des Proletariats werden, dessen Ideale zum Siege führen und „sterbend unsterblich sind". In der That sind diese Hohenzollern „ein herrliches Geschlecht siegfriedischer Helden" — aber sowenig wie Siegfried den trügenden Verträgen folgt und der Welt mit ihrem Trug sich unterwirft, sondern in eigener Kraft und eigenem Empfinden furchtlose Heldenthat vollbringt wie sein ganzes Geschlecht, so wenig kann das Hohenzollernkaisertum einem anderen Leitstern folgen als dem eigenen männlichen Herzen und der wunderbaren Tradition seines Hauses. Weder um Bourgeoisie=Gunst buhlend, wie der orleanistische Krämerkönig mit dem Regenschirm, noch um die Launen der Arbeiter werbend, wie der blutige Mann des Dezember= streichs, sondern allein der lebendigen und geschichtlich begründeten Forderung des Tages gehorsam hat das Hohenzollernkaisertum das ver= standen und erfahren, was Goethe sagte: „Ist aber ein wirkliches Be= dürfnis zu einer grossen Reform in einem Volke vorhanden, so ist Gott mit ihm, und sie gelingt".

Einst nach den Stürmen des Dreissigjährigen Krieges hatte der Grosse Kurfürst sein Volk wirtschaftlich gestärkt und auf neuen sozialen Wegen zu einer Stellung unter den Staaten des Kontinents und zu ungeahnter Bedeutung inmitten der seefahrenden Nationen geleitet. Wie viel Sturm und Drang, Werden und Ringen war nötig, ehe das neue Reich wieder dort einsetzen konnte, wo der Grosse Kurfürst geendigt, und seit dem Jahre 1879 in die Kolonialbewegung eintrat, die im Dezember 1882 zur Gründung des Kolonialvereins und noch vor Thorschluss zum Erwerb eines Kolonialgebietes führte, das viermal so gross war wie das beschränkte Wirtschaftsgebiet des Mutterlandes. Nach einer wiederholten Erschütterung des Staatsgebäudes unter Friedrich dem Ersten konnten Friedrich Wilhelm der Erste und Friedrich der Grosse dem Grundbesitz und der Manufaktur neue Wirtschaftsgebiete einräumen und zugleich durch eine Besserung der Rechtspflege den Ausblick in eine ferne Zukunft eröffnen. Auch hier ver= mochte erst das Deutsche Reich zu ernten, was jene Hohenzollern weit= ausschauend gesät: Das Bürgerliche Gesetzbuch, das unserem Volke die Rechtseinheit schenkt und die alten zu Gunsten begünstigter Volkskreise geschaffenen Privatrechtssysteme verdrängt, hat endlich das lebendige Band um die Nation gelegt, an dem Friedrich Wilhelm der Erste und Friedrich der Grosse geschmiedet haben. Erdrückt von dem allverschlingenden Staatsgedanken Friedrichs, erwachte Preussens Volk zu freier grossartiger

Lebenskraft, als Friedrich Wilhelm der Dritte und seine Ratgeber die in der französischen Revolution geheim waltenden sozialen Grundgedanken der deutschen Reformation im Siegeszug durch ihr Land geleiteten und das freie Privateigentum, die staatsbürgerliche Gleichheit aller Landeskinder und die freigewollte Mitarbeit am Fortschritt des Staates in den Mittelpunkt des nationalen Lebens stellten. Eine neue wirtschaftliche Revolution half dem vierten Stand empor auf die geschichtliche Bühne, und auch ihm gab das durch die Hohenzollern erst wirtschaftlich, dann politisch geeinte Deutschland in der Arbeiterschutzgesetzgebung die Bürgschaft eines allerbarmenden Erdenglücks.

Wer denkt nicht beim Anblick dieser Sozialgeschichte an die Worte, die Anton Wohlfahrt in Freytags „Soll und Haben" zweifellos den Hohenzollern widmet: „Als kühne Männer und gute Wirtschafter, die sie waren, haben sie ihren Boden verwaltet. Sie haben einen Staat gebildet aus verkommenen oder zertrümmerten Stämmen, sie haben mit grossem Sinn ihr Haus als Mittelpunkt für viele Millionen gesetzt und haben aus dem Brei unzähliger nichtiger Souveränetäten eine lebendige Macht geschaffen".

So hat das Geschlecht der Hohenzollern durch die Jahrhunderte hindurch jedem sozialen Stand, der in schutzbedürftiger Not sich befand, die helfende Hand gereicht, dem Adel wie dem Bauernstand, dem Bürgertum und den Arbeitern. Das politisch geeinte Gesamtdeutschland konnte dann der grossen sozialen Aufgabe des neunzehnten Jahrhunderts seine ganze Kraft zuwenden und zu einem Werk sozialen Friedens die Nationen Europas in seine junge Kaiserstadt entbieten. Als diese Folge leisteten und damit anerkannten, dass Deutschland heute auf sozialem Gebiet die Führung der friedlich arbeitenden Kulturwelt übernommen hat, da feierte die soziale Wirksamkeit der Hohenzollern den rechten leuchtenden Auferstehungstag. Das edle Selbstverleugnungswerk ward gekrönt: auf Grund einer Schöpfung sozialer Einheit in Preussen empor zur Schöpfung sozialer Einheit in Deutschland und in Europa. Ein neues Weltbürgertum war erstanden unter der entsagungsreichen, still waltenden Arbeit eines Fürstenhauses, das die jungen sozialen Lebenskeime der deutschen Reformation

auf dem Erdreich seines ernsten und starken Staates zu blühender Zauber=
kraft erweckt hat. Unfehlbarer und sicherer begründet erstand dieses
soziale Weltbürgertum des ausgehenden neunzehnten als der litterarische
Kosmopolitismus des achtzehnten Jahrhunderts, und er wird die Geburts=
stätte werden für eine neue gewaltige geistige Weltmacht!

Möchten Alle, die diese Sonnensendung der Hohenzollern mit un=
geschwächter Sehkraft erkannt haben, dafür leben und sorgen, dass das
hochherzige Herrschergeschlecht ein hochherziges Volk finde und dieses
seinen Dank zeige durch treues Pflichtbewusstsein und opferwillige that=
kräftige Pflichterfüllung. Auch im Sozialleben soll über die Kleinstaaterei
siegen das Vaterlandsgefühl und über die Vielheit die Einheit, aber auch
über wirrköpfigen Doktrinarismus die wahrhaft freie konsequente That. In
der Feuertaufe des Deutschen Zollvereins ist der verschwommene Utopismus
deutscher Unklarheit nicht zum einzigen und erstenmale erlegen vor dem
ungesuchten Realismus des preussischen Staates. Und was in jenen wider=
spruchsvollen Tagen der Verwirrung von 1848 zur Wahrheit wurde, das
muss auch heute noch sich erfüllen, wo der Staat Deutschland geeinigt hat,
der nach dem Dreissigjährigen Krieg das zerbrochene Volk wieder aufrichtete,
nach der Napoleonischen Sturmflut ihm den unvergänglichen Gehalt der
Reformation bewahrte und nach der aufwiegelnden Verwilderung des Sozialis=
mus das soziale Erbe seiner Geschichte in hellem Glanze erstrahlen liess:
der nationale Staat ist der Felsen, an dem das Gespensterschiff sozialer
Wahnträume unentrinnbar zerschellen muss. Das in treuer sozialer Hilfs=
bereitschaft und festem Glauben an die Zukunft des Hohenzollernstaates
geeinigte deutsche Volk wird in sich die Kraft finden, um mit gutem Grund
allen Missvergnügten im Vaterland und draussen die Jubelworte zuzurufen,
durch die einst in trüben Zeiten Friedrich der Grosse allen pessimistischen
Jammer zurechtwies:

„Wohlan, lasst uns hingehen in ein Land, wo es besser ist!"

Absolutismus 52
Accise 11
Adel 30. 50. 95. 98. 111
Afrikanische Kompagnie 17
Agrargesetzgebung 26. 31. 32. 33. 45
Akademie der Wissenschaften 23
Albert, König von Sachsen 98
Albrecht Achill, Kurfürst von Brandenburg 6
Aldersen, Thomas 17
Alexander I., Zar von Russland 90
Allgemeines Landrecht 34. 38. 39
Allianz, heilige 90
Altenstein, Karl Freiherr von Stein zum 103
Alters- und Invaliditätsversicherung 103
Amerika 18. 49. 55. 71. 88
Arbeiterassoziation, internationale 94
Arbeiterfrage, ländliche 61
Arbeiterkonferenz, Berliner, von 1890 108
Arbeiterkonstitution 107
Arbeiterpartei, sozialistische 94

Arbeiterschutzgesetzgebung 67. 111 Namen-
Arbeiterverein, allgemeiner deutscher Sachverz 93
Arbeiterversicherung 103
Armenwesen 39. 63
Asien 18
Assignaten 49
Auswanderung 90

Baden 81
Bahr, Hermann 109
Bayern 80
Bankwesen 17. 88
Bauernbefreiung 59. 103. 111
Bauernkrieg 54
Bauernlegen 26
Baumwollfabrikation 35. 87
Beamtentum 15. 28. 103. 104
Befreiungskriege 42. 76. 91. 99. 108
Belgien 83
Bentham, Jeremy 34
Berg- und Hüttenwerke 103
Berliner Universität 69. 79
Bernburg 80

Sommerlad, Die soziale Wirksamkeit der Hohenzollern. 8

Binnenschiffahrt 13
Bischoffswerder, Johann Rudolf von 48
Bismarck, Otto von 28. 40. 62. 64. 67. 93. 96. 97 ff. 98. 101. 106
Blücher, Gebhardt Leberecht von 32
Botschaft, Kaiserliche von 1881 102. 105
Braunschweig 80. 81
Bromberger Kanal 33
Bühnengesellschaft, deutsche 69
Bürgerliches Gesetzbuch 110
Bürgertum 31. 51. 52. 58. 63. 64. 91. 96. 98. 111
Bundestag 78. 91
Burgund 50

Cäsaropapismus 90
Calonne, Charles Alexandre de 47
Canning, George 91
China 18
Christlicher Staat 90
Clauren, H. (Karl Gottlob Heun) 92
Cobden, Richard 93
Code Napoléon 39
Comte, Auguste 49
Cromwell, Oliver 12

Dänemark 17
Dampfmaschine 88
Departementalsystem 65
Despotismus 49

Dessau 80
Deutschland, junges 92
Dispositio Achillea 6
Domänen 10. 59
Drake, Friedrich 73
Dreissigjähriger Krieg 7. 12. 87. 99. 111
Droysen, Johann Gustav 31
Duncker, Max 97

Eichhorn, Johann Albrecht Friedrich 79. 82. 84
Eisenbahnkonflikte 80
Eisenfabrikation 35. 84
Elba 57
Elektrizität 88
Elsass 50
England 18. 33. 35. 55. 82. 84. 87. 107
Erasmus, Desiderius 108
Erbrecht 93
Exportprämien 78
Eyb, Ludwig von 6

Februarerlasse von 1890 107
Ferdinand III., römischer Kaiser 15
Ferdinand VII., König von Spanien 11. 72
Feudalismus 48
Fichte, Johann Gottlieb 69 f. 93
Finanzwesen 11. 23. 34 f. 71. 76
Finkenstein, Graf von 101

Flotte 19
Frankreich 35. 36. 45. 50. 83. 96
Freizügigkeit 94
Freytag, Gustav 14. 111
Friedrich, Grossherzog von Baden 98
Friedrich Wilhelm, der Grosse Kurfürst 9 ff. 23. 25. 27. 29. 41. 46. 57. 59. 71. 72. 101. 103. 106. 108. 110
Friedrich Wilhelm I. 23 ff. 42. 45. 46. 57. 59. 72. 103. 110
Friedrich II., der Grosse 31 ff. 45. 46. 52. 53. 57. 65. 72. 85. 110. 112
Friedrich Wilhelm II. 44 ff.
Friedrich Wilhelm III. 53. 54 ff. 72. 77. 85. 108. 111
Friedrich Wilhelm IV. 95
Friedrich-Wilhelms-Kanal 13
Fürstenbund 41
Fürstentag zu Frankfurt 96

Generaldirektorium 27
Genfer Kongress 94
Gentz, Friedrich von 54. 91
Gemeindeverwaltung 64
Gemeinheitsteilung 61
Georg Wilhelm 8
Gerok, Karl 106
Gervinus, Georg Gottfried 84
Gesindeordnung 66
Gesundheitspflege 28

Getreidepreise 26. 32
Gewerbefreiheit 66
Gewerbegerichte 107
Gewerbepolitik 25. 58
Gewichtswesen 82
Giro-Diskonto- und Leihbank von Berlin 33
Gneisenau, August Graf Neidhardt von 68
Gotha 80
Gothaer Kongress 94. 99. 104
Goethe, Johann Wolfgang von 38. 47. 48. 49. 72. 75. 86. 90. 97. 110
Grimm 49
Groeben, Otto Friedrich von der 17
Gross-Friedrichsburg 18
Grossgrundherrschaft 67
Grundrechte 95
Gründerzeit 99
Guineische Küste 18
Gustav Adolf, König von Schweden 14. 20

Habeas Corpus-Akte 62
Halberstadt 47
Handarbeitsunterricht 45
Handelsgesellschaften 16
Handelstag, deutscher 84
Handelsverträge 83. 84
Handelswesen 35
Hannover 57. 62. 80. 81

Hansa 7. 13. 17. 20
Hardenberg, Karl August Fürst von
 53. 57. 66. 101. 103
Hase, Karl August 60
Hauptmann, Gerhart 48
Heereswesen 14. 29. 46. 68
Hegel, Georg Wilhelm Friedrich 55.
 93
Heinrich, Prinz von Preussen 70
Hessen 62. 80
Hexenprozesse 28
Hobrecht, Arthur 102
Hoffmann von Fallersleben 86
Hohenlohe, Chlodwig Fürst von 98
Hohenzollern, Karl Anton Fürst von
 97
Holland 9. 16. 33. 35. 83
Hornegk 12. 24
Hugenotten 12. 58
Hundertmillionenfonds 61
Hussitentum 54
Hypothekenordnung 33

Industriepolitik 25
Immermann, Karl Leberecht 87

Jahn, Friedrich Ludwig 97
Japan 18
Jena 59. 63
Joachim II. 3
Juden 70
Julirevolution 62. 81

Kabinettsordre, Karlsbader 84
Kabinettsräte 64
Kaffeeriecher 38
Kanalisationswesen 13. 32. 45
Kant, Immanuel 52. 55. 88
Kantonsystem 30
Karl August, Grossherzog von Sachsen=
 Weimar 52. 97
Karl der Grosse, röm. Kaiser 24. 27. 67
Kassel 80
Kaufleute, Verein deutscher 78
Kinderarbeit 103. 109
Kipper und Wipper 7. 99
Kirche 20
Kleinstaaten 79
Koalitionskrieg 45. 46
Kolonialpolitik 17. 32. 110
Kolonialprodukte 76
Kolonialverein 110
Kommunismus 99
Königswürde 22
Kongresse, volkswirtschaftliche 83
Kontinentalsystem 55. 76. 82
Kornzölle 93
Köthen 80
Kotzebue, August Friedrich Ferdinand
 von 100
Krankenversicherung 103
Kreditverhältnisse 34. 45. 88
Kriegs= und Domänenkammern 27. 65
Krüdener, Juliane Freifrau von 90
Kurmark 32

Landesfürstentum 51. 63. 75
Landesmelioration 32. 45
Landespferdezucht 46
Landschaften 63
Landschulwesen 26
Landstrassen 47
Landwehr 68
Landwirtschaft 7. 10. 26. 28. 58. 72. 78. 89
Landwirtschaftslehre 26
Lassalle, Ferdinand 93. 94. 102
Lebusische Stände 101
Lee, William 88
Leibeigenschaft 26. 59
Leibniz, Gottfried Wilhelm Freiherr von 20
Leipziger Schlacht 73
Leopold I., König von Belgien 83
Levasseur 88
Lippe 81
List, Friedrich 77. 84
Litauen 32
Lothringen 50
Luise, Königin von Preussen 56
Luther, Martin 67. 108

Maassen, Karl Georg 76. 82. 84
Machiavelli, Niccolo 31
Magdeburg 47
Magistrat 63
Manchestertum 102
Marienburg 31
Marienwerder 46
Marwitz, Friedrich August Ludwig von der 31. 42. 69. 101
Marx, Karl 94
Maschine 88 f.
Mathias von Jagow 3
Mecklenburg 57
Meiningen 80
Memeler Edikt 60.
Merkantilismus 11. 24. 35. 51. 61. 77
Messhandel, Leipziger 81
Methuen=Vertrag 35. 77
Metternich, Clemens Wenzel Nepomuk Lothar Fürst von 54. 91. 92. 109
Metternich, Fürstin von 92
Miquel, Johannes von 71
Mirabeau, Graf von 40
Mitteldeutscher Handelsverein 80
Mobilisierung des Grundeigentums 67
Moderner Staat 4. 37. 53. 59. 90. 98. 104. 105
Möser, Justus 27. 67
Mohrenstrasse 19
Moltke, Helmuth Graf von 102
Monroedoktrin 71
Montesquieu 48
Monumenta Germaniae 69
Motz 80. 82. 84
Mundellas Einigungsämter 107
Münzer, Thomas 67
Münzwesen 82

Nantes, Edikt von 12
Napoleon I. 36. 49. 50. 55. 72. 73. 82. 112
Nassau 57. 81
Nationalbank 71
Nationalverein 84
Nationalversammlung 95
Navigationsakte 12. 35. 77
Nebenius, Karl Friedrich 77. 84
Necker, Jacques 47
Netzedistrikt 33
Netzekanal 33
Neustadt an der Dosse 46
Nietzsche, Friedrich 56
Nikolsburg, Friede von 98
Nitzsch, Karl Wilhelm 31. 98
Nürnberger Reichstag 75
Norddeutscher Reichstag 83

Oberschulkollegium 46
Oberzollregal 75
Oderbruch 32. 45
Oesterreich 62. 83. 90. 95. 96
Offizierstand 31. 106
Oldenburg 80. 81
Olmütz 96
Ostindische Kompagnie 17. 18
Ostpreussen 26. 32 (hier mit West=preussen umzukehren). 45
Ostsee 17
Ottonen 98

Papierfabrikation 35
Penn, William 49
Peter der Grosse, Zar von Russland 29
Pfandbriefanstalten 32
Philadelphia 49. 60
Portugal 35
Porzellanmanufaktur 36
Potsdamer Edikt 12. 56
Privatrecht 29. 110
Produktivassoziationen 93. 102
Provinzialverwaltung 65
Prügelstrafe 28
Publizistik 79

Ranke, Leopold von 31. 85
Rantzau, Herr von 60
Rationalismus 52
Rauch, Christian 73
Raule 17
Recht auf Arbeit 39. 50. 104
Reformation, deutsche 3 ff. 66. 75. 90. 109. 111
Regie 38
Regierungen 65
Reichsdeputationshauptschluss 76
Reichsverfassung 19. 91. 95
Rembrandtdeutsche, der 69
Rentengutsgesetzgebung 61
Revolution, czechische 54
Revolution, französische 52. 54
Rheinbund 58

Rheinland 77. 103
Rheinzölle 76
Rodbertus, Johann Karl 102
Romantik, deutsche 39. 79
Rossini, Gioachino 92
Rousseau, Jean Jacques 48
Rückert, Friedrich 99
Rudolstadt 80
Ruppiner Kanal 45
Russland 18. 90

Sachsen 57. 62. 80. 81. 87
Salzburger 26. 58
Samtfabrikation 35
Sand, Karl 100
Sanssouci 40. 42. 48
Savigny, Friedrich Karl von 39
Scharnhorst, Gerhard von 68
Schiller, Friedrich von 19. 95
Schleiermacher, Friedrich 90
Schleusen 13
Schmoller, Gustav 31. 77
Schön, Heinrich Theodor von 31. 62
Schulreform 45
Schulverwaltung 46
Schutzzoll 78. 84
Schwarzburg-Sondershausen 79
Schweichel, Georg Julius Robert 99
Schweiz 80
Seehandlung 34
Seemacht 91
Seidenindustrie 35

Selbsteinschätzung 71
Skorzewska, Gräfin von 33
Smith, Adam 55. 57. 78
Sonntagsarbeit 109
Sozialdemokratie 92. 108
Sozialistengesetz 67. 100
Spanien 72
Sparsystem 47
Spinnerei, englische 84
Staatsmagazine für Getreide 32. 40
Staatsmonopole 38. 40. 102
Staatsschatz 10
Staatsschuldenwesen 10
Städteordnung 63
Stadtverordnete 63
Staufer 98
Stahlfabrikation 35
Stein, Heinrich Friedrich Karl Freiherr von und zum Stein 53. 57. 66. 103
Stein, Lorenz von 90
Steuer 6. 11. 71. 83
Stiller Ozean 88
Strassburg 91. 99
Strumpfwirkmaschine 88
Svarez, Karl Gottlieb 39. 60

Tabakmonopol 102
Territorialmandate 49
Thüringen 80
Tilsit, Friede von 55
Tocqueville, Alexis von 51
Trakehnen 46

Treitschke, Heinrich von 21. 73. 82. 100
Cresorscheine 71
Tres Puntas-Vorgebirge 19
Tuchfabrikation 25
Turgot, Anne Robert Jacques 34. 50

Unfallversicherung 103

Verkehrswesen 13. 16. 35. 47
Versailles, Kaiserproklamation 98
Verwaltung 27
Volksschule 45

Wagner, Richard 98
Wahlrecht, allgemeines 93
Warschauer Schlacht 15
Warthebruch 32. 45
Wasserstrassen 13
Wechselkonferenz zu Leipzig 82
Wechselordnung, allgemeine deutsche 82
Wehrpflicht, allgemeine 30. 46. 68
Weimar 51
Weltbürgertum 55. 111

Weltwirtschaft 16. 88. 89. 107
Westfalen 47. 103
Westfälischer Frieden 98
Westpreussen 32 (hier mit Ostpreussen umzustellen). 45
Wiener Kabinett 79
Wiener Kongress 92. 109
Wilhelm I., der Grosse, Deutscher Kaiser 85. 96. 97 ff. 101. 106
Wilhelm II., Deutscher Kaiser 106 ff.
Wollfabrikation 35
Wöllner, Johann Christoph von 47
Württemberg 80
Würzburger Konferenz 96

Zedlitz, von 46
Zeitpacht 26
Zentralverwaltung 64
Zichy, Gräfin von 92
Zollanschlussverträge 79
Zollbundesrat 83
Zollparlamente 83
Zolltarifierung 76
Zuckersiedereien 35
Zunftwesen 25

Bisher im SEVERUS Verlag erschienen:

Achelis. Th. Die Entwicklung der Ehe * **Andreas-Salomé, Lou** Rainer Maria Rilke * **Arenz, Karl** Die Entdeckungsreisen in Nord- und Mittelafrika von Richardson, Overweg, Barth und Vogel * **Aretz, Gertrude (Hrsg)** Napoleon I - Briefe an Frauen * **Ashburn, P.M** The ranks of death. A Medical History of the Conquest of America * **Avenarius, Richard** Kritik der reinen Erfahrung * Kritik der reinen Erfahrung, Zweiter Teil * **Bernstorff, Graf Johann Heinrich** Erinnerungen und Briefe * **Binder, Julius** Grundlegung zur Rechtsphilosophie. Mit einem Extratext zur Rechtsphilosophie Hegels * **Bliedner, Arno** Schiller. Eine pädagogische Studie * **Blümner, Hugo** Fahrendes Volk im Altertum * **Brahm, Otto** Das deutsche Ritterdrama des achtzehnten Jahrhunderts: Studien über Joseph August von Törring, seine Vorgänger und Nachfolger * **Braun, Lily** Lebenssucher * **Braun, Ferdinand** Drahtlose Telegraphie durch Wasser und Luft * **Brunnemann, Karl** Maximilian Robespierre - Ein Lebensbild nach zum Teil noch unbenutzten Quellen * **Büdinger, Max** Don Carlos Haft und Tod insbesondere nach den Auffassungen seiner Familie * **Burkamp, Wilhelm** Wirklichkeit und Sinn. Die objektive Gewordenheit des Sinns in der sinnfreien Wirklichkeit * **Caemmerer, Rudolf Karl Fritz** Die Entwicklung der strategischen Wissenschaft im 19. Jahrhundert * **Cronau, Rudolf** Drei Jahrhunderte deutschen Lebens in Amerika. Eine Geschichte der Deutschen in den Vereinigten Staaten * **Cushing, Harvey** The life of Sir William Osler, Volume 1 * The life of Sir William Osler, Volume 2 * **Dahlke, Paul** Buddhismus als Religion und Moral, Reihe ReligioSus Band IV * **Eckstein, Friedrich** Alte, unnennbare Tage. Erinnerungen aus siebzig Lehr- und Wanderjahren * Erinnerungen an Anton Bruckner * **Eiselsberg, Anton Freiherr von** Lebensweg eines Chirurgen * **Eloesser, Arthur** Thomas Mann - sein Leben und Werk * **Elsenhans, Theodor** Fries und Kant. Ein Beitrag zur Geschichte und zur systematischen Grundlegung der Erkenntnistheorie. * **Engel, Eduard** Shakespeare * Lord Byron. Eine Autobiographie nach Tagebüchern und Briefen. * **Ferenczi, Sandor** Hysterie und Pathoneurosen * **Fichte, Immanuel Hermann** Die Idee der Persönlichkeit und der individuellen Fortdauer * **Fourier, Jean Baptiste Joseph Baron** Die Auflösung der bestimmten Gleichungen * **Frimmel, Theodor von** Beethoven Studien I. Beethovens äußere Erscheinung * Beethoven Studien II. Bausteine zu einer Lebensgeschichte des Meisters * **Fülleborn, Friedrich** Über eine medizinische Studienreise nach Panama, Westindien und den Vereinigten Staaten * **Goette, Alexander** Holbeins Totentanz und seine Vorbilder * **Goldstein, Eugen** Canalstrahlen * **Graebner, Fritz** Das Weltbild der Primitiven: Eine Untersuchung der Urformen weltanschaulichen Denkens bei Naturvölkern * **Griesser, Luitpold** Nietzsche und Wagner - neue Beiträge zur Geschichte und Psychologie ihrer Freundschaft * **Hartmann, Franz** Die Medizin des Theophrastus Paracelsus von Hohenheim * **Heller, August** Geschichte der Physik von Aristoteles bis auf die neueste Zeit. Bd. 1: Von Aristoteles bis Galilei * **Helmholtz, Hermann von** Reden und Vorträge, Bd. 1 * Reden und Vorträge, Bd. 2 * **Henker, Otto** Einführung in die Brillenlehre * **Kalkoff, Paul** Ulrich von Hutten und die Reformation. Eine kritische Geschichte seiner wichtigsten Lebenszeit und der Entscheidungsjahre der Reformation (1517 - 1523), Reihe ReligioSus Band I * **Kautsky, Karl** Terrorismus und Kommunismus: Ein Beitrag zur Naturgeschichte der Revolution * **Kerschensteiner, Georg** Theorie der Bildung * **Klein, Wilhelm** Geschichte der Griechischen Kunst - Erster Band: Die Griechische Kunst bis Myron * **Krömeke, Franz** Friedrich Wilhelm Sertürner - Entdecker des Morphiums * **Külz, Ludwig** Tropenarzt im afrikanischen Busch * **Leimbach, Karl Alexander** Untersuchungen über die verschiedenen Moralsysteme * **Liliencron, Rochus von / Müllenhoff, Karl** Zur Runenlehre. Zwei Abhandlungen * **Mach, Ernst** Die Principien der Wärmelehre * **Mausbach, Joseph** Die Ethik des heiligen Augustinus. Erster Band: Die sittliche Ordnung und ihre Grundlagen * **Mauthner, Fritz** Die drei Bilder der Welt - ein sprachkritischer Versuch * **Müller, Conrad** Alexander von Humboldt und das Preußische Königshaus. Briefe aus den Jahren 1835-1857 * **Oettingen, Arthur von** Die Schule der Physik * **Ostwald, Wilhelm** Erfinder und Entdecker * **Peters, Carl** Die deutsche Emin-Pascha-Expedition * **Poetter, Friedrich**

www.severus-verlag.de

Christoph Logik * **Popken, Minna** Im Kampf um die Welt des Lichts. Lebenserinnerungen und Bekenntnisse einer Ärztin * **Prutz, Hans** Neue Studien zur Geschichte der Jungfrau von Orléans * **Rank, Otto** Psychoanalytische Beiträge zur Mythenforschung. Gesammelte Studien aus den Jahren 1912 bis 1914. * **Rohr, Moritz von** Joseph Fraunhofers Leben, Leistungen und Wirksamkeit * **Rubinstein, Susanna** Ein individualistischer Pessimist: Beitrag zur Würdigung Philipp Mainländers * Eine Trias von Willensmetaphysikern: Populär-philosophische Essays * **Sachs, Eva** Die fünf platonischen Körper: Zur Geschichte der Mathematik und der Elementenlehre Platons und der Pythagoreer * **Scheidemann, Philipp** Memoiren eines Sozialdemokraten, Erster Band * Memoiren eines Sozialdemokraten, Zweiter Band * **Schlösser, Rudolf** Rameaus Neffe - Studien und Untersuchungen zur Einführung in Goethes Übersetzung des Diderotschen Dialogs * **Schweitzer, Christoph** Reise nach Java und Ceylon (1675-1682). Reisebeschreibungen von deutschen Beamten und Kriegsleuten im Dienst der niederländischen West- und Ostindischen Kompagnien 1602 - 1797. * **Stein, Heinrich von** Giordano Bruno. Gedanken über seine Lehre und sein Leben * **Strache, Hans** Der Eklektizismus des Antiochus von Askalon * **Thiersch, Hermann** Ludwig I von Bayern und die Georgia Augusta * **Tyndall, John** Die Wärme betrachtet als eine Art der Bewegung, Bd. 1 * Die Wärme betrachtet als eine Art der Bewegung, Bd. 2 * **Virchow, Rudolf** Vier Reden über Leben und Kranksein * **Wecklein, Nikolaus** Textkritische Studien zu den griechischen Tragikern * **Weinhold, Karl** Die heidnische Totenbestattung in Deutschland * **Wellmann, Max** Die pneumatische Schule bis auf Archigenes - in ihrer Entwickelung dargestellt * **Wernher, Adolf** Die Bestattung der Toten in Bezug auf Hygiene, geschichtliche Entwicklung und gesetzliche Bestimmungen * **Weygandt, Wilhelm** Abnorme Charaktere in der dramatischen Literatur. Shakespeare - Goethe - Ibsen - Gerhart Hauptmann * **Wlassak, Moriz** Zum römischen Provinzialprozeß * **Wulffen, Erich** Kriminalpädagogik: Ein Erziehungsbuch * **Wundt, Wilhelm** Reden und Aufsätze * **Zoozmann, Richard** Hans Sachs und die Reformation - In Gedichten und Prosastücken, Reihe ReligioSus Band III

www.severus-verlag.de